IGM Daniel King

Wie gut ist Dein Schach?

JOACHIM BEYER VERLAG - HOLLFELD

ISBN 3-88805-098-7

Umschlag: Czernetzki und Holstein, Leipzig

Satz: Gerd Treppner, Mainz
Druck: Druckhaus Beyer GmbH, Langgasse 25, 96142 Hollfeld

Inhaltsverzeichnis

EINFÜHRUNG

Jeder Schachspieler, gleich welcher Stärke, möchte sein Spiel gern verbessern - aber wie sollte jemand herangehen, dies zu tun? So viel zu spielen wie möglich ist hilfreich, aber an irgendeinem Punkt wird eine Grenze erreicht, und dann ist es notwendig, daß Sie sich zu Hause an Ihr Schachbrett setzen, einen Stapel von Partieformularen mit Eselsohren aus Ihrem letzten Turnier auf dem Tisch zur Hand, und daß Sie genau zu prüfen versuchen, was schief läuft. Die eigenen Partien zu analysieren ist wichtig, aber ich finde, daß es oft die Entdeckung neuer Ideen ist, die meine Begeisterung für das Spiel von neuem belebt.

Ich vermute, wenn Schachspieler "Hausaufgaben" machen, dann sind es meist die Eröffnungen, worauf sie sich konzentrieren. Darin liegt eine große Gefahr. Viele Bücher geben schlicht Abspiele ohne große Erläuterungen an und brechen genau dann ab, wenn der Kampf in die heiße Phase tritt, endend mit einer Beurteilung wie etwa "Ausgleich" oder "leichter Vorteil für Weiß". Was hilft uns das? Es ist notwendig, die Grundlagen der Stellung zu verstehen, um zu wissen, wie man weiterspielt. Und wer weiß, vielleicht wird jemand in der nächsten russischen Juniorenmeisterschaft eine vernichtende Verstärkung finden, die die Einschätzung der ganzen Variante umwirft? Eröffnungen zu studieren ist bestenfalls auf kurze Sicht nützlich. Viel besser ist es, ganze Partien zu betrachten, um eine Vorstellung von der Gesamtstrategie in verschiedenen Stellungstypen zu bekommen.

Dieses Buch möchte Ihnen nicht nur helfen, das Niveau Ihres Spiels zu beurteilen, sondern, indem es Ihnen die Chance gibt, Pläne und Ideen einiger der Weltspitzenspieler auszuarbeiten und zu studieren, auch dazu beitragen, Ihr Spiel zu verbessern. Ich habe zwanzig Partien ausgesucht. In jeder Partie, beginnend nach dem ersten Diagramm, sollen Sie die Züge eines der Spieler vorhersagen; so z.B. in Partie 1 alle Züge des Schwarzen und in Partie 2 die des Weißen. Decken Sie die Seite mit einer Karte oder einem Blatt Papier ab, das Sie dann Zeile für Zeile nach unten schieben, so daß Sie die nächsten Züge nicht sehen. Wenn Sie die schwarzen Züge voraussagen, sollten Sie anhalten, sobald Sie einen weißen Zug sehen und versuchen die schwarze Antwort auszuarbeiten, die in der nächsten Zeile steht. Punkte werden vergeben, je nachdem wie stark Ihr Zug ist. Versuchen Sie so viel auszuarbeiten wie Sie es in einer Partie tun würden - Sie erhalten Bonuspunkte für Tiefe und Exaktheit Ihrer Analyse. Gelegentlich werde ich spezielle Fragen stellen, um Ihr Positionsverständnis zu testen; die Antworten erscheinen in der nächsten Zeile und dafür gibt es wieder Punkte. Behalten Sie eine Übersicht Ihrer Resultate und vergleichen Sie mit der Tabelle unten. Für eine

möglichst genaue Einschätzung Ihrer Spielstärke sollten Sie den Durchschnitt Ihrer Punktausbeute aus allen zwanzig Partien nehmen.
Wenn Sie kein Interesse haben, diesen Test zu machen, genießen Sie einfach die Partien. Meine Absicht war, die Spielstile der führenden Spieler der Welt vorzuführen, und auf diese Weise ein Bild der gegenwärtigen Schachszene zu vermitteln. Nicht nur das; wenn diese Spieler es bis ganz nach oben geschafft haben, sollte dies heißen, daß sie das beste und akkurateste Schach spielen - so sind ihre Partien diejenigen, von denen wir am meisten lernen können.

Punkte pro Partie:
61-70 Großmeister
51-60 Internationaler Meister
41-50 FIDE- oder Nationaler Meister
31-40 Turnierspieler höherer Qualität
21-30 Klubspieler
11-20 Gelegenheitsspieler
0-10 Garry Kasparow wird Ihretwegen keine schlaflosen Nächte haben!

Partie 1: Ein echter Schachspieler

Es ist ein genereller Trend in den meisten Sportarten, daß die führenden Spieler immer jünger werden. Im Schach ist dies ganz sicher der Fall. Ein Neuankömmling unter den Top Ten der Welt ist der 17jährige Russe Wladimir Kramnik.

Es war 1992 eine große Überraschung, als er auf persönliches Drängen Kasparows als Mitglied des russischen Olympiateams nominiert wurde - zu dieser Zeit war er außerhalb seines eigenen Landes so gut wie unbekannt. Sein Score von 8 aus 9 rechtfertigte die Nominierung voll und ganz. Seit damals hat sich Kramnik unter den führenden Spielern der Welt fest etabliert dank eindrucksvoller Turnierergebnisse rund um den Globus.

Kasparow hat bei mehreren Anlässen erklärt, daß er Kramnik als einen künftigen Herausforderer um den Welttitel betrachtet: "Er ist definitiv das Talent Nummer 1. Ich glaube, er ist der einzige Spieler, den ich je sah, der nicht schlechter spielte als ich im Alter von 16...er hat ein sehr gutes Naturtalent. Und, wissen Sie, da ist Substanz. Echte schachliche Substanz. Viele Spieler spielen nicht Schach, sie machen Züge. Kramnik spielt Schach." In der Tat ein Lobpreis.

Kramniks Gegner ist hier der Internationale Meister Aloisys Kweinys aus Litauen.

Kweinys - Kramnik
Debrecen 1992
Sizilianische Verteidigung

1. e4 c5 2. Sf3 d6 3. d4 cxd4 4. Sxd4 Sf6 5. Sc3 Sc6 6. Lg5 e6 7. Dd2 a6 8. 0-0-0 h6 9. Lf4 Ld7 10. Lg3 Tc8 11. f3 Sxd4 12. Dxd4 e5 13. De3 Le7 14. h4

Beginnen Sie nun, die Züge von Schwarz vorherzusagen.

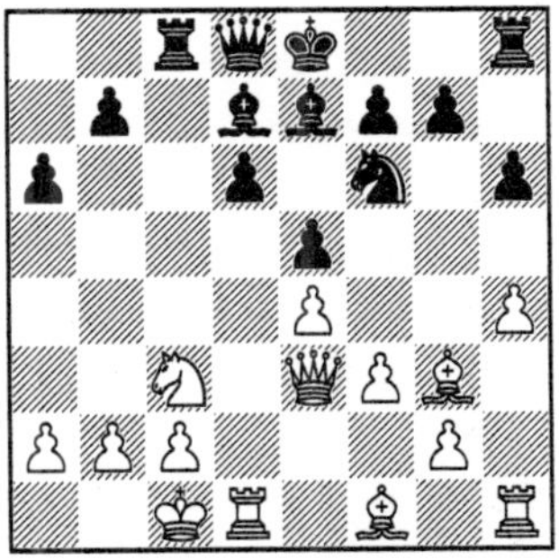

14. ... 0-0

Drei Punkte. Die Rochade ist ein vernünftiger Zug, aber es war auch möglich, herausfordernder 14. ... b5 zu spielen (ebenfalls drei Punkte). Der weiße Springer schützt die Damenseite und übt starken Einfluß auf das kritische Feld d5 aus; es kann also nicht schlecht sein, ihn mit b5-b4 zu vertreiben.

15. Kb1

15. ... Dc7

Zwei Punkte. Kramnik fährt fort, sich ruhig zu entwickeln, aber ich wäre immer noch versucht, 15. ... b5 auszupacken (zwei Punkte). Ein Punkt Abzug für 15. ... Le6, was wegen 16. Lxe5 einen Bauern verliert. Fahrlässig.

16. Ld3

16. ... Le6

Drei Punkte. Dies ist ein schönes Feld für den Läufer. Er ist durch den Bauern e5 vor Angriffen geschützt, deckt das Feld d5 und zielt drohend in Richtung des weißen Königs.

Nur ein Punkt für 16. ... b5, was nun viel von seiner Kraft verloren hat, da der weiße König nach b1 zur Seite ging und c2 vom Läufer gedeckt ist.

17. Lh2

17. ... Da5

Sechs Punkte. Es scheint seltsam, die Dame zum zweiten Mal innerhalb weniger Züge zu ziehen, aber Kramnik hat eine Schwäche in der weißen Position entdeckt und greift das Motiv sofort auf.

18. Dd2

18. ... Txc3

Drei Punkte. Die Idee von 17. ... Da5 sollte klar gewesen sein: dieses Standard-Qualitätsopfer möglich zu machen. (Ich bin sicher, daß Weiß, hätte er die Möglichkeit 17. ... Da5 gesehen, 17. Le1! gewählt hätte, vor einigen Zügen, um den Springer zu decken.)

19. Dxc3

Weiß hat die Zertrümmerung seiner Damenflügelbauern vermieden, aber Schwarz weiterhin heftigen Angriff.

19. ... Dxa2+

Ein Punkt.

20. Kc1

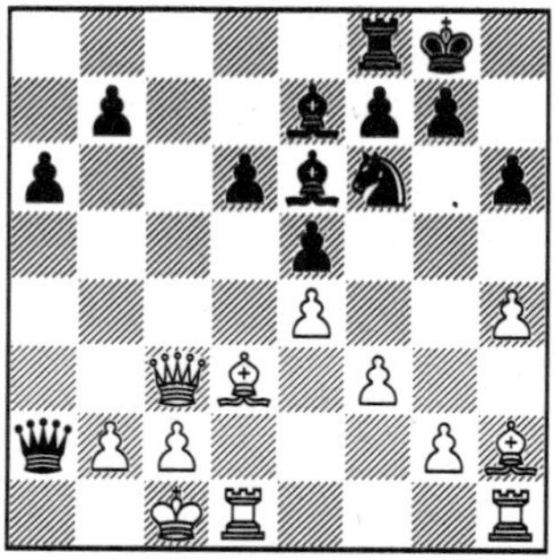

20. ... d5!

Vier Punkte. Dies macht die schwarzen Figuren frei. Die Dame gibt da unten auf a2 eine einsame Figur ab, also braucht sie um jeden Preis die Hilfe des Restes ihrer Armee, wenn der Angriff weitergehen soll.

20. ... Tc8 (ein Punkt) scheint in Ordnung, aber würde Weiß erlauben, die Damen zu tauschen: 21. Da3 Dxa3 22. bxa3. Es stimmt zwar, daß Schwarz nicht schlechter steht - er hat einen Bauern für die Qualität, eine solide Position, und die weißen Damenflügelbauern sind zersplittert - ,aber ein Remis wäre wahrscheinlich, und Kramnik will mehr.

21. Lxe5

21. ... dxe4

Drei Punkte. Zwei Punkte für 21. ... Tc8 - ein trickreicher Zug. Falls 22. Dd4, so gewinnt 22. ... Lc5 auf der Stelle; also sollte 22. Lxf6 gespielt werden. Die Dame zu nehmen ließe Schwarz nicht mehr viel von einem Angriff, und 22. ... Lxf6 erlaubt den Damentausch mit 23. Da3, somit ist 22. ... gxf6 der beste Zug und dann die wahrscheinlichste Fortsetzung 23. De1

Da1+ 24. Kd2 Dxb2 25. Dg3+ Kf8. Schwarz hat weiterhin starken Angriff, aber in Anbetracht der leicht prekären Lage seines eigenen Königs ist der Ausgang nicht ganz klar.

22. Lxe4

Wie hätten Sie statt dessen auf 22. fxe4 erwidert?

Ein Punkt für 22. ... Tc8, aber zwei für 22. ... Sg4, mit lästigen Drohungen aller Art. Falls 23. Lxg7, dann gewinnt 23. ... Tc8 24. Dd4 Lc5; und falls 23. Kd2 (drohend 24. Ta1) 23. ... Sxe5 24. Dxe5 Lf6. Der b-Bauer fällt und der weiße König findet sich im Niemandsland zwischen Königs- und Damenflügel wieder.

22. ... Sxe4

Ein Punkt.

23. fxe4

23. ... Tc8

Drei Punkte. Einfach und gut: die letzte Figur von Schwarz schließt sich dem Angriff an.

24. Dg3

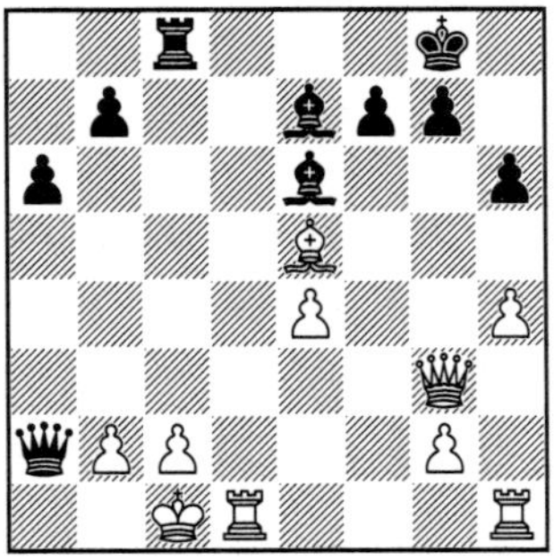

24. ... f6

Ein Punkt. Deckt das Matt und greift den Läufer an; damit geht keine Zeit verloren.

25. Ld4

Wie hätten Sie hier auf 25. Lc3 erwidert?

25. ... Da1+ (zwei Punkte) 26. Kd2 Td8+ 27. Ke2 Lc4+ 28. Ke3 Txd1 und gewinnt.

25. ... Lb3

Drei Punkte. 25. ... Lb4 (zwei Punkte) war eine verlockende Alternative. Ich bin sicher, daß dies gut genug wäre, den meisten Spielern den Garaus zu machen, aber Weiß kann eine Art Verteidigung aufbieten, wenn er 26. c3! Lb3 27. Dd3! findet, was die Qualität zurückgibt, aber die schwarze Dame aussperrt.

26. Lc3

26. ... Da1+

Ein Punkt.

27. Kd2

27. ... Td8+

Ein Punkt.

28. Dd3

28. ... Txd3+

Ein Punkt.

29. Kxd3

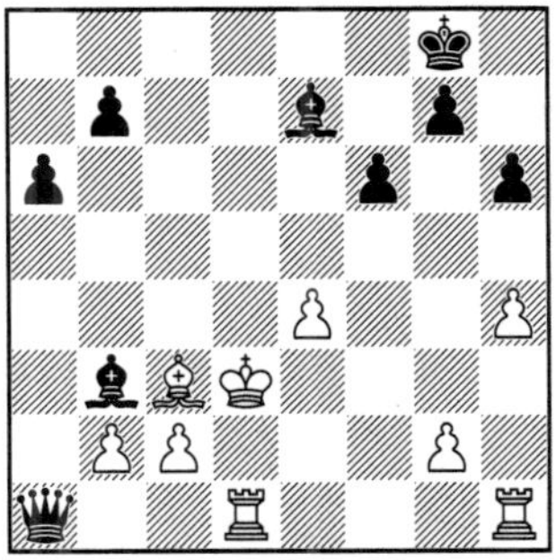

Wenn Sie diese Position bei 26. ... Da1+

voraussahen, erhalten Sie vier Punkte extra.

29. ... Lxc2+

Drei Punkte. Weil Dame und Läufer von Schwarz beide angegriffen sind, muß er eine Figur zurückgeben, und dies ist der beste Weg, es zu tun.

30. Kxc2

Die Materialbilanz ist ungefähr gleich (Dame und Bauer gegen zwei Türme), aber Schwarz hat in der Tat eine exzellente Stellung aufgrund des exponierten Königs und der schwachen Bauern von Weiß. Dessen wirkliches Problem ist, daß er keinen eigenen Angriff hat, um der schwarzen Initiative zu begegnen.

30. ... Da4+

Ein Punkt. Ein guter Start. Um den e-Bauern zu decken, muß Weiß seinen König mitten aufs Brett bringen.

31. Kd3

31. ... b5

Vier Punkte. Ein ausgezeichneter Zug. Weiß wird es sehr schwer haben, der zweifachen Drohung zu begegnen: Dc4+, was den König weiter piesackt, und b4, was den Läufer von seinem sicheren Posten verjagt.

32. Ke3

1. Partie

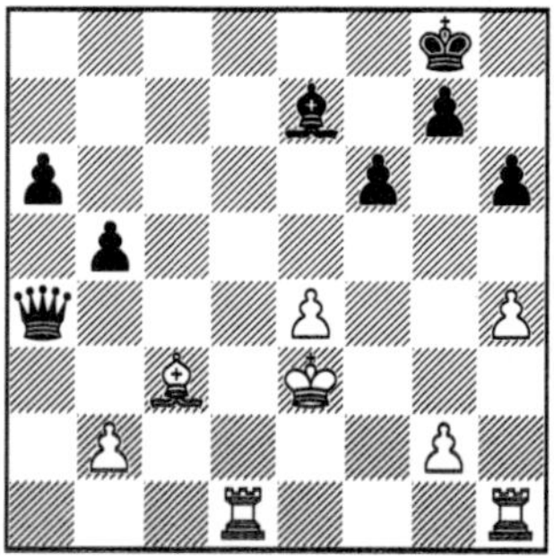

32. ... Lc5+

Zwei Punkte. Das unmittelbare 32. ... b4 wäre nicht so gut, weil nach 33. Ld4 die Position des Läufers immer noch sicher ist.

33. Kf4

Falls Weiß 33. Ld4 gespielt hätte, wie hätten Sie geantwortet?

Zwei Extrapunkte, wenn Sie 33. ... Db3+ 34. Td3 Lxd4+ 35. Kxd4 Dxb2+ gefunden haben, was einen zweiten Bauern gewinnt und die Partie praktisch beendet.

33. ... Dc4

Zwei Punkte. Dies ist der sicherste Weg, den Angriff fortzusetzen: es zieht die Dame in Richtung Zentrum zurück und droht b4, aber 33. ... b4 (ein Punkt) war auch sinnvoll.

34. Td8+

34. ... Kh7

Ein Punkt.

35. Thd1

35. ... De2

Vier Punkte. Höchst unangenehm für Weiß. Das Ende der Partie ist eine perfekte Illustration der Stärke der Dame - einer kompakten einheitlichen Macht - gegen ein diffuses Spektrum schwächerer Figuren, die gedeckt bleiben müssen. Die Dame kann auf dem Brett herumfuhrwerken und die kleinste Schwächung der feindlichen Position ausbeuten.

36. Kf5

36. ... b4

Zwei Punkte. Perfektes Timing: der Läufer muß auf ein miserables Feld zurück, wo er die Deckung des b-Bauern aufgibt.

37. Le1

37. ... Dxg2

Zwei Punkte. Besser als den b-Bauern zu nehmen, weil es den Angriff gegen den weißen König aufrechthält. Die Drohung ist Dh3+ nebst Le3 matt. Zwei Bonuspunkte, wenn Sie dies im vorherigen Zug gespielt haben.

38. e5

38. ... Dg6+

Ein Punkt. Nicht der einzige Weg, um aus dieser Position Schluß zu machen: dieselbe Gutschrift für 38. ... Dh3+ oder 38. ... Df3+.

39. Ke6

39. ... Dg4+

Ein Punkt hierfür.

40. Kf7

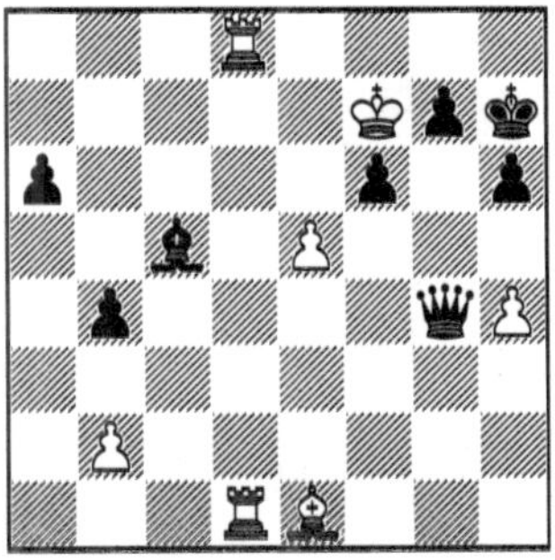

40. ... Dh5+

Ein Punkt. Kramnik hat den effizientesten Weg gefunden, die Partie zu beenden. Der weiße König entkommt nicht: 41. Ke6 Dxe5+ 42. Kf7 De7 matt. In Anbetracht dessen **gab Weiß auf.**

Es gab drei Phasen in dieser Partie: das frühe Mittelspiel, Manövrieren (Züge 14-17); der Königsangriff selbst (Züge 18-30); und der endgültige Todesstoß (Züge 31-40). Um in der ersten Phase gut zu punkten, brauchen Sie etwas Vorkenntnis der Sizilianischen Verteidigung. Die Erfahrung sollte Ihnen sagen, wo man die Figuren aufstellt und welchen Plan man anstrebt; dies hat wenig mit Vorausberechnung zu tun, sogar wenig mit langfristiger Planung, sondern es ist mehr die Wiedererkennung etablierter Muster und Figurengruppierungen.

In der zweiten Phase müssen Sie forcierte Zugfolgen suchen, die einen Vorteil bringen, sei er materiell oder positionell. Dies schließt Vorausberechnung ein (wenn X, dann Y, etc.); aber ebenso die Fähigkeit, die entstehende Stellung genau einzuschätzen.

Nach dem Abwickeln in eine Position, in der er richtig gewinnbringenden Vorteil für sich erkannte, beendete Kramnik die Partie mit großer Effizienz. Das Geheimnis guter Technik ist einfach: genaue Berechnung.

Partie 2: Präzisionsspiel

Das Sich-Durchkämpfen bis zum Finale der Weltmeisterschaft hat in Nigel Short eine Zielbewußtheit hervorgebracht, die ihm früher fehlte. Er konzentrierte seine ganze Anstrengung auf die Kandidatenkämpfe und bereitete sich mit einer Gründlichkeit vor, die vielleicht in Osteuropa gebräuchlich, aber den meisten anderen englischen Schachprofis unbekannt ist.
Ein gutes Beispiel seines gewandelten Herangehens ist sein Spiel in der Eröffnung. Während vor wenigen Jahren sein Hauptziel in dieser Partiephase darin bestanden hätte, ein theoretisches Gefecht zu vermeiden, so fordert er ein solches nun aktiv heraus.
In gewissem Sinn hat Nigel einen recht extremen Stil. Ich meine damit, daß er eine Menge von der Stellung verlangt - und er schafft es üblicherweise, das auch herauszuholen aufgrund seines Glaubens an die Strategie und natürlich seiner großen Stärke. Diese Partie ist typisch. Sein Gegner ist der schwedische Großmeister Ulf Andersson, einer der solidesten Spieler in der Welt.

Short - Andersson
Wijk aan Zee 1990
Sizilianische Verteidigung

1. e4 c5 2. Sf3 Sc6 3. d4 cxd4 4. Sxd4 g6 5. c4 Sf6 6. Sc3 d6 7. Le2 Lg7 8. Le3 0-0 9. 0-0 Ld7 10. Sc2 Da5 11. f4 Tac8
Versuchen Sie nun, die weißen Züge vorauszusagen.

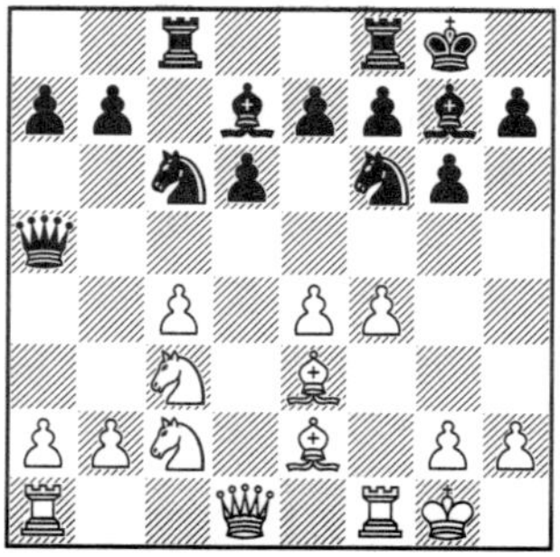

12. Tb1
Vier Punkte. Die Bauernstruktur hier ist typisch für das "Maroczy-Schema" (benannt nach dem Ungarn Geza Maroczy, einem der stärksten Spieler im ersten Teil dieses Jahrhunderts). Die Bauern auf e4 und c4 geben Weiß großen Raumvorteil, aber solch ein Zentrum bringt eine große Verantwortung mit sich: wenn die Struktur zusammenbricht, könnte die weiße Position wie eine leere Schale aussehen. Somit ist dies die Aufgabe von Schwarz: aus seiner beengten Position auszubrechen, bevor er erdrückt wird; wenn er das schafft, wird sein Lohn groß sein. Der Kampf könnte beschrieben werden als "Eindämmung kontra Gegenangriff".

Den Turm aus der Schußlinie des Läufers g7 zu ziehen macht zum großen Teil Sinn: man weiß nicht, ob es von Bedeutung sein wird, aber bestimmt mindert es die Gefahr, daß später ein Unglück passiert.
Zwei Punkte für 12. Kh1, ein anderer Vorbeugungszug, der den König sicher in der Ecke versteckt. Nichts für 12. Dd2, was auf den ersten Blick wie der natürlichste Zug aussieht. Dies würde 12. ... Sg4! erlauben; der schwarzfeldrige Läufer muß erhalten bleiben, also 13. Lxg4 Lxg4. Schwarz hat starken Druck auf c3 und bald auf c4. Dies ist ein typisches Beispiel, wie sich eine Stellung in einer Handvoll von Zügen wenden kann.

12. ... a6

13. b4

Zwei Punkte. Dies war die andere Idee von 12. Tb1 - aber ich wollte nicht alles im voraus verraten. Die Dame muß aufs Ursprungsfeld zurück, denn 13. ... Dc7 14. Sd5 Sxd5 15.exd5 Sb8 ist viel zu passiv.

13. ... Dd8

14. Dd3

Zwei Punkte. Das weiße Zentrum sieht gefällig aus, aber gerade in diesem Moment ist es am verwundbarsten. Das Hauptproblem ist, daß der Springer c3, der in der Schußlinie sowohl des schwarzen Läufers wie Turms steht, nicht länger vom b-Bauern gedeckt ist. Daher würde ein Zug wie 14. b5 (zwei Punkte Abzug) schnell zum Desaster führen: 14. ... axb5 15. cxb5 Sa5 mit fürchterlichem Druck in der c-Linie.

Wenn ich diese Stellung mit Weiß spielen würde, würde ich viel Zeit in die Prüfung der schwarzen Gegenangriffsmöglichkeiten investieren; es mag ungewöhnlich klingen, aber die Partie hat bereits ein kritisches Stadium erreicht. Wenn Weiß die nächsten paar Züge überleben kann, ohne daß eine Katastrophe passiert, sieht die Zukunft für ihn glänzend aus. Die Hauptschläge, auf die man achten muß, sind Sg4 (wie wir schon gesehen haben) und b5.
14. Kh1 (ein Punkt) ist ein vorsichtiger Zug - aber vielleicht etwas zu vorsichtig. Schwarz könnte losschlagen mit 14. ... b5!; falls 15. cxb5 axb5 16. Lxb5 Sxb4! 17. Txb4 Txc3 und das weiße Zentrum ist zerbröselt. Natürlich muß Weiß nicht so entgegenkommend sein (16. Lxb5 ist ein Fehler), aber klar ist, daß 14. Kh1 der Sache nicht hilft.

14. ... Lg4

Wie hätten Sie statt dessen auf 14. ... b5 reagiert? Geben Sie acht.
15. c5 sieht vielversprechend aus, aber Schwarz bekommt in der Tat gutes Gegenspiel nach 15. ... dxc5 16. Lxc5 Le6, drohend Sd7.
15. cxb5 ist korrekt, und nach 15. ... axb5 nicht 16. Sxb5 Sxe4! 17. Dxe4 Lf5, sondern 16. Sa3! drohend Saxb5. Der einzig ernstzunehmende Zug dagegen ist 16. ... Sxb4, aber es scheint, daß Weiß diesen taktischen Blitz überleben kann: 17. Txb4 Txc3 18. Dxc3 Sd5 19. Dd2 etc.
Schreiben Sie drei Extrapunkte gut, wenn Sie sowohl 15. cxb5 wie 16. Sa3 gefunden haben. Das ist eine kritische

Variante - es war absolut nötig, eine Antwort auf 14. ... b5 zu haben.

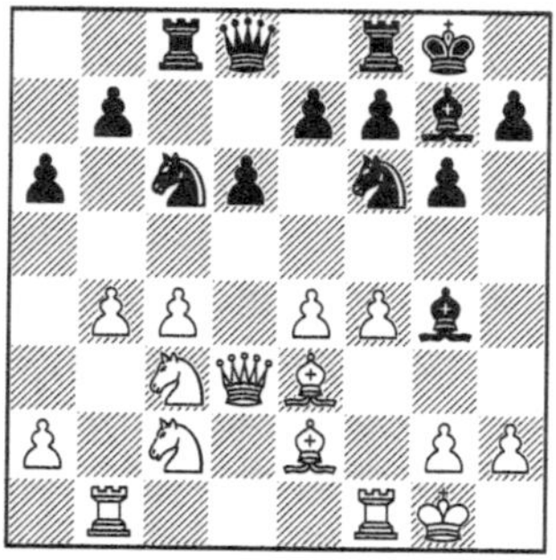

15. Kh1

Drei Punkte. Der König wird auf ein sichereres Feld gezogen und der Läufer kann nun nach g1 zurück. 15. Lxg4 wäre nicht gut: 15. ... Sxg4 und der Läufer wird abgetauscht, da 16. Ld2 mit 16. ... Db6+ beantwortet wird.

15. ... Lxe2

16. Dxe2

Ein Punkt.

16. ... e6

Schwarz begreift nicht den Ernst seiner Lage. An dieser Stelle hätte er, ob gut oder nicht, 16. ... b5 versuchen sollen.

17. c5!

Vier Punkte. Die Pointe dieses Zuges sieht man in dieser Variante: 17. ... dxc5 18. Lxc5 Te8 19. Tbd1 Dc7 20. e5 Sd7 21. Ld6 Db6 22. Se4. Weiß beherrscht völlig das Zentrum; dies wurde möglich, weil Schwarz das Feld d6 mit 16. ... e6 geschwächt hat.

Nichts für andere 17. Züge - Schwarz drohte Dc7 mit Druck auf den c-Bauern.

17. ... d5

18. Tfd1

Drei Punkte. Es schadet nichts, Schwarz im unklaren zu lassen, wie Sie die Spannung im Zentrum lösen wollen. 18. e5 wäre nicht gut: Schwarz könnte das Zentrum sehr schnell aufbrechen mit 18. ... Sd7 und 19. ... f6.

18. ... Te8

19. a4

Zwei Punkte.

19. ... De7

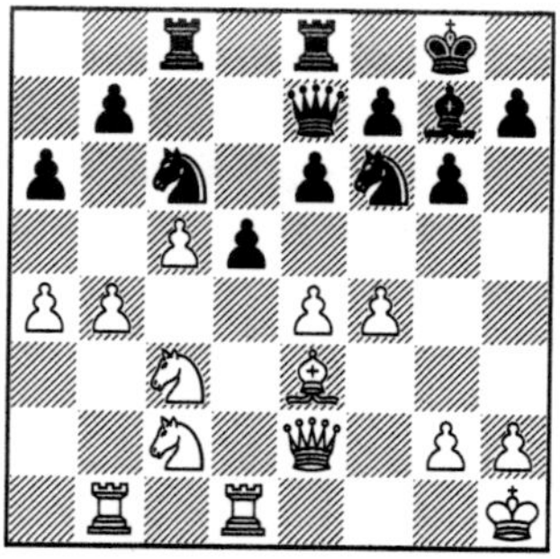

20. b5

Ein Punkt.

20. ... axb5

21. e5!

Sechs Punkte.

21. ... Sd7

22. Sxb5!

Fünf Punkte. Diese letzten zwei Züge waren vielleicht die schwersten der ganzen Partie. Wenn Sie mit dem a-Bauern in einem der zwei letzten Züge wiedergenommen haben, dann, fürchte ich, gibt es keine Punkte. Der schwarze Springer zieht nach a5 und dann auf das furchteinflößende Feld c4; der Bauer c5 könnte sich als sehr schwach entpuppen.

Der andere Zug, der fragwürdig ist, speziell jetzt, wo Schwarz in der e-Linie verdoppelt hat, ist 21. exd5 früher - die Fesselung des Läufers macht das Leben zu problematisch für Weiß.

22. ... Tb8

Wenn statt dessen 22. ... Sxc5, dann gewinnt 23. Lxc5 Dxc5 24. Sd6 die Qualität.

23. Sd6

Ein Punkt.

23. ... Tf8

24. Sd4

Zwei Punkte. Ziehen Sie einen Punkt ab für 24. Sxb7 Sdxe5, was den Bauern zurückholt.

24. ... f6

25. Sxb7

Ein Punkt. Der einzige Weg, etwas aus der Stellung zu holen ist, einen Bauern zu schnappen (25. exf6 Sxf6 ist fein für Schwarz).

25. ... Sxd4

26. Lxd4

Ein Punkt.

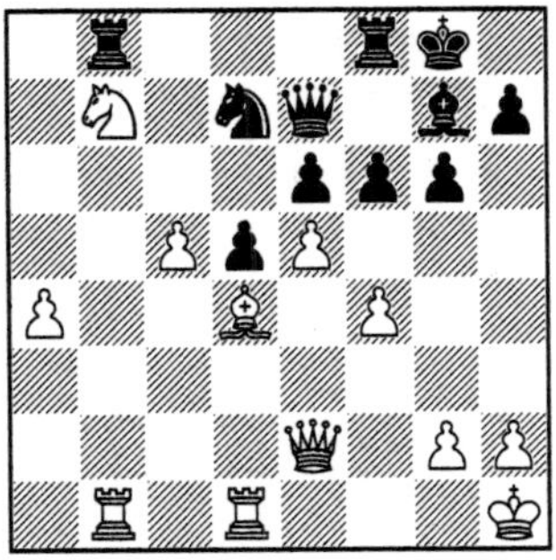

26. ... fxe5

27. fxe5

Ein Punkt.

27. ... Tf4

Wie hätten Sie statt dessen 27. ... Sxe5 beantwortet?

Am besten ist 28. Lxe5 Lxe5 (28. ... Txb7 29. Ld6!) 29. Dxe5 Txb7 30. Txb7 Dxb7 31. Dxe6+. Schwarz hat einen Bauern weniger und eine erbärmliche Defensivaufgabe vor sich. Zwei Punkte für Sie, wenn Sie diese Folge vorhersahen.

Andersson zieht eine aktivere Verteidigung vor.

28. c6

Drei Punkte. Dies zwingt Schwarz Material zu geben, denn falls 28. ... Sf8 29. Lc5 und alles sieht ein wenig schlimm aus.

28. ... Txd4

29. Txd4

Ein Punkt.

29. ... Sxe5

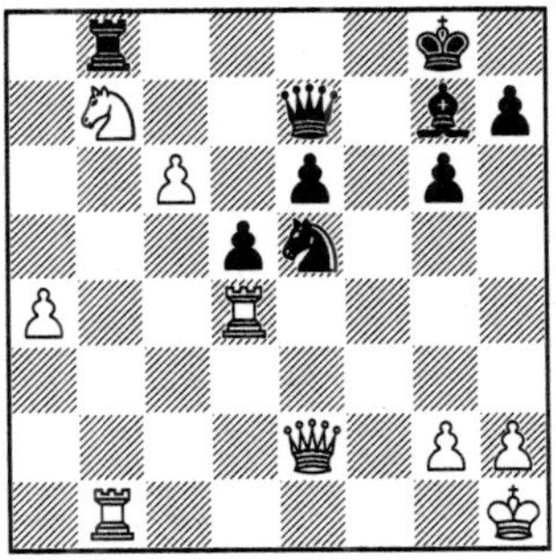

30. Tdb4

Drei Punkte. Weiß könnte noch immer in Schwierigkeiten kommen, wenn er nicht achtgibt. Short beschließt vernünftigerweise, den c-Bauern direkt aufzugeben und die Fesselung des

Springers zu beseitigen.

30. ... Sxc6

31. Tb6

Ein Punkt.

31. ... Sd4

32. Dg4

Zwei Punkte. Ein gutes Feld. Die Dame hat ein Auge auf e6, eine empfindliche Stelle in der schwarzen Position.

32. ... Tf8

33. a5

Drei Punkte. Warum nicht? Schwarz braut einen Gegenangriff zusammen, aber im Moment droht er konkret nichts, also schiebt Weiß ruhig den a-Bauern vor. Eine bedeutsame Initiative zu kreieren wird schwierig sein, wenn dieser Bauer das Brett hinaufkriecht.

33. ... Le5

34. a6

Ein Punkt.

34. ... Df6

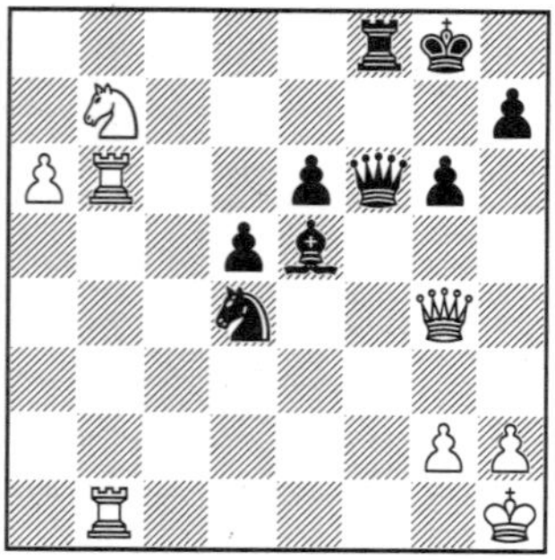

35. Tg1

Zwei Punkte. Bei weitem der beste Weg, das Grundreihenmatt zu parieren. 35. g3? öffnet die Königsstellung und 35. Dd1? scheitert an 35. ... Dh4!.

35. ... Lc7

36. Tbb1

Ein Punkt. Die Türme verbunden zu halten ist am vernünftigsten.

36. ... De5

37. Dh3

Zwei Punkte. Die einzige Alternative war 37. g3, was den König bloßstellt - keine ernsthafte Überlegung wert.

37. ... Lb8

38. Sc5

Vier Punkte. Die Rückkehr des Springers ins Gefecht entscheidet den Ausgang.

38. ... Dd6

39. Tb7

Zwei Punkte.

39. ... h5

40. Sd7

Ein Punkt.

40. ... Dxa6

und hiermit **gab Schwarz auf**, weil Weiß nach 41. Txb8 Txb8 42. Sxb8 Db5 43. De3 einen Turm mehr behält.
Dies war eine außergewöhnlich schwierige Partie. Im frühen Mittelspiel die Kontrolle über die Position zu behalten erfordert große Wachsamkeit; in gewissem Sinn ist es viel leichter, mit Schwarz zu spielen als mit Weiß. Der Durchbruch, vor dem man sich besonders hüten muß, ist b5 - in jedem Zug sollte dies beachtet werden.
In der Tat war große Präzision während der ganzen Partie nötig; 17. c5! kam ziemlich unerwartet, und das Timing von 21. e5 und 22. Sxb5 war perfekt. Nachdem Short die Qualität

gewonnen hatte, war die Stellung immer noch sehr verfänglich, und es verlangte große Energie, einen Gewinn daraus zu machen.
Die Lektion daraus heißt, daß es lebenswichtig ist, weiter um die Initiative zu kämpfen, wenn man einmal Material gewonnen hat. Es stimmt, daß es Schwarz gelang, ein paar Drohungen aufzustellen; doch wegen des a-Bauern-Vormarschs mußte er bald zur Verteidigung zurückkehren.

Partie 3: Kontrolle und Koordination

Man sagt oft, daß Anatoli Karpow das größte Naturtalent aller Top-Spieler besitzt - Kasparow eingeschlossen. Er hat einen angeborenen Sinn dafür, wohin seine Figuren gehören, wie sie am besten koordiniert sind und welche Bauernstruktur er am besten aufbaut. Aufgrund dieses Talents mußte Karpow außerhalb des Bretts nie hart arbeiten; er ist kaum dafür bekannt, vernichtende theoretische Neuerungen in der Eröffnung zu produzieren.
Wenn er dann tatsächlich spielt, ist es eine ganz andere Sache. Er ist hartnäkkig; ein Pragmatiker; ein Kämpfer. Es gibt Stellungen, die die meisten anderen Spieler als hoffnungslos aufgegeben hätten, die er aber irgendwie schafft zu halten oder gar zu gewinnen. (Seine Partie gegen Seirawan später in diesem Buch ist ein guter Beweis dafür: obwohl er verlor, war es brillant, wie er nur die Eröffnung überlebte.)
Die zwei Worte, die sich mir in den Sinn drängen, wenn ich an Karpows Stil denke, heißen Kontrolle und Koordination. In dieser Partie ist er in seinem Element: nachdem er einmal die Position im Griff hat, läßt er nicht mehr locker. Sein Gegner ist Großmeister Johann Hjartarson aus Island.

Karpow - Hjartarson
Kandidatenmatch, Seattle 1989
Englische Eröffnung

1. c4 e5 2. g3 Sf6 3. Lg2 d5 4. cxd5 Sxd5 5. Sc3 Sb6 6. Sf3 Sc6 7. 0-0 Le7 8. a3 Le6 9. b4 0-0 10. Tb1 f6 11. d3 Dd7
Beginnen Sie nun mit der Vorhersage der weißen Züge.

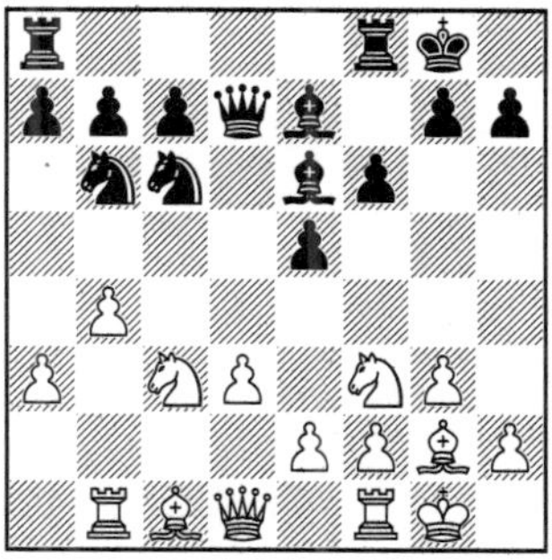

12. Se4
Vier Punkte. Dieser Zug enthält eine Drohung: 13. Sc5 Lxc5 14. bxc5 Sd5 15. Txb7. Zwei Punkte für 12. Lb2, 12. Le3 und 12. Ld2, alles gesunde Entwicklungszüge.
12. b5 (kein Punkt) ist verfrüht: 12. ...

Sd4 13. Sxd4?! exd4 14. Se4 f5 15. Sd2 Ld5 und Schwarz beherrscht das Zentrum.

12. ... Sd5

13. Dc2

Zwei Punkte. Dies beginnt Druck in der c-Linie aufzubauen; die übliche Quelle des Spiels in Strukturen sizilianischen Typs.

13. Lb2 (zwei Punkte) ist auch stark; es hindert den schwarzen Springer, nach d4 zu gehen. 13. Sc5 ist nicht möglich: 13. ... Lxc5 14. bxc5 Sc3 mit Qualitätsgewinn. Ziehen Sie zwei Punkte ab, wenn Sie dies übersehen haben.

13. ... b6

Schwarz schließt die Möglichkeit Sc5 aus, läßt aber den Springer c6 in einer prekären Lage.

14. Lb2

Zwei Punkte; verhindert den Springerzug nach d4.

14. ... Tac8

15. Tbc1

Zwei Punkte; dasselbe für 15. Tfc1. Ein Punkt für 15. b5.

15. ... Sd4

Hätte Schwarz 15. ... Sd8 gespielt, wie wäre Ihre Antwort?

16. d4 (zwei Punkte) ist korrekt, was die Bauernmehrheit im Zentrum benutzt, um die schwarze Struktur zu zerstören: 16. ... exd4 17. Sxd4 Lf7 18. Tfd1 und Weiß dominiert.

16. Lxd4

Ein Punkt.

16. ... exd4

17. Dc6

Vier Punkte. Weiß hat hier eine anziehende Auswahl. Zwei Punkte für 17. Sxd4, was Schwarz zwingt, mit 17. ... Sxb4 den Bauern zurückzuholen; buchen Sie einen Extrapunkt, wenn Ihre darauf geplante Folge 18. axb4 Dxd4 19. b5! war, was die schwarzen Damenflügelbauern zu Krüppeln macht. Weiß hat freie Hand, mit e3 und d4 ein starkes Zentrum zu bilden.

17. ... Dxc6

18. Txc6

Ein Punkt. Würden Sie etwas anderes überhaupt eines Blickes würdigen?

18. ... Ld7

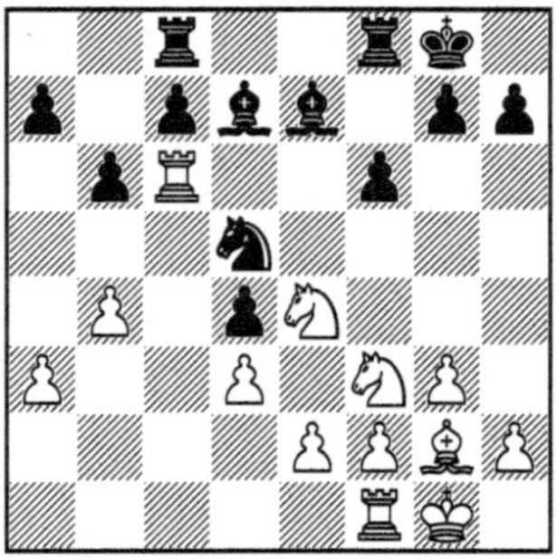

19. Sxd4

Sechs Punkte. Ein exzellentes positionelles Opfer, das Karpow selbstredend voraussah, als er 17. Dc6 spielte.

Nichts gibt es für Turmrückzug: 19. Tcc1 c5 20. bxc5 bxc5 und Schwarz könnte f5 nebst Sc3 folgen lassen (die große Gefahr für Weiß in dieser Variante).

19. ... Lxc6

20. Sxc6

Ein Punkt. Dies gerade ist der Stellungstyp, den Karpow bis zur Perfektion spielt: er hat die Position des Gegners eingeschnürt, seine Figuren sind gut koordiniert, und er hat selbst keine Schwächen.

20. ... Tce8

21. Tc1

Zwei Punkte. Natürlich wäre es schön, einen zweiten Bauern zu schnappen, aber warum dafür die Koordination zerstören? Es ist viel besser, den Druck auf die schwarze Stellung zu erhalten. Nebenbei, wenn Schwarz beschließen würde, etwas für den a-Bauern zu tun - 21. ... a6 - dann würde Weiß mit 22. Sd2 Material gewinnen, weil kurioserweise der schwarze Springer kein Fluchtfeld hat.

21. ... f5

22. Sd2

Zwei Punkte. Möglich war auch 22. Sc5 (ein Punkt) mit der Idee 22. ... bxc5 23. Lxd5+ Kh8 24. bxc5, wonach Weiß zwei Bauern für die Qualität und, am wichtigsten, die Kontrolle behalten hat. Aber Schwarz kann komplizieren mit 22. ... Sxb4, worauf Karpow 23. Sd7 Sxc6 24. Txc6 Ld6 25. Ld5+ Kh8 26. Sxf8 Txf8 27. f4 als gut für Weiß angibt; ich denke aber, daß 24. ... Tf7 bessere Verteidigungschancen bietet. Natürlich sieht Karpow keinen Anlaß, sich auf Verwicklungen einzulassen, wenn er eine vollkommen genügende Alternative hat.

22. ... Sf6

23. Sxa7

Ein Punkt. Der richtige Moment; Schwarz hat keinerlei aktives Spiel.

23. ... Ld6

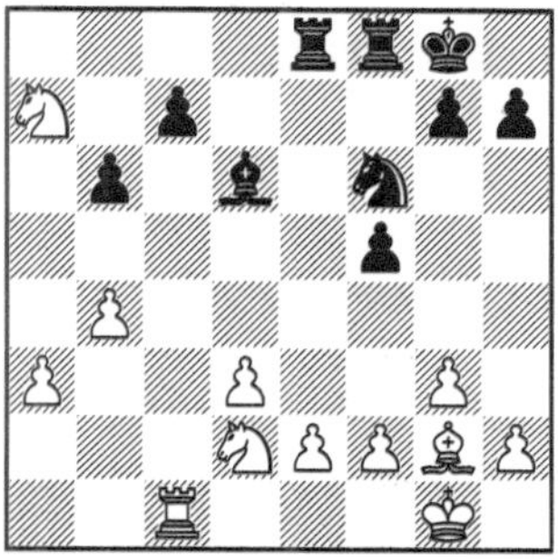

24. e3

Drei Punkte. Dies ist die Art von Zug, die einen großen Unterschied für den Spielverlauf machen kann. Falls 24. Lf3 g5, drohend g4, und wenn 24. Kf1 f4, in beiden Fällen mit störendem Gegenspiel. Außer der Deckung des e-Bauern hindert 24. e3 Schwarz an f4, dem einzigen Weg, wie er einige offene Linien für seine Türme schaffen kann.

24. ... c5

Ein guter Versuch, im trüben zu fischen. Weiß muß sehr präzis spielen, um seinen Vorteil festzuhalten.

25. Sc4

Zwei Punkte. Dies hält Schwarz in Atem. 25. b5 (zwei Punkte) ist auch gut; es sichert einem der Springer ein gutes Feld auf c4. 25. bxc5 (ein Punkt) ist spielbar, aber nur bei der Folge 25. ... Lxc5 26. Sc4! (es drohte Txe3!, Lxe3+ und Lxd2). In der Tat meine ich, daß es besser für Schwarz ist, 25. ... bxc5 zu spielen, was seinem Turm die b-Linie öffnet.

25. ... Lb8

Die Alternativen waren nicht sehr schön: 25. ... Td8 26. Sc6! oder 25. ... Lc7 26. Sb5 Tc8 27. bxc5 bxc5, und sehen Sie nun einen einfachen Gewinnplan für Weiß?
Zwei Extrapunkte für 28. a4, mit der Idee, den Bauern bis zur achten Reihe durchzuschieben; es gibt wenig, was Schwarz dagegen tun kann.

26. Sc6

Ein Punkt. Dies verhindert den schwarzen Turmzug nach d8.

26. ... b5

27. S4a5

Ein Punkt. Dies ist keine kritische Entscheidung; Weiß konnte auch 27. Sb6 spielen (ein Punkt).

27. ... cxb4

28. axb4

Ein Punkt.

28. ... Sd7

Pariert die weiße Drohung Tc5, um den b-Bauern zu schnappen.

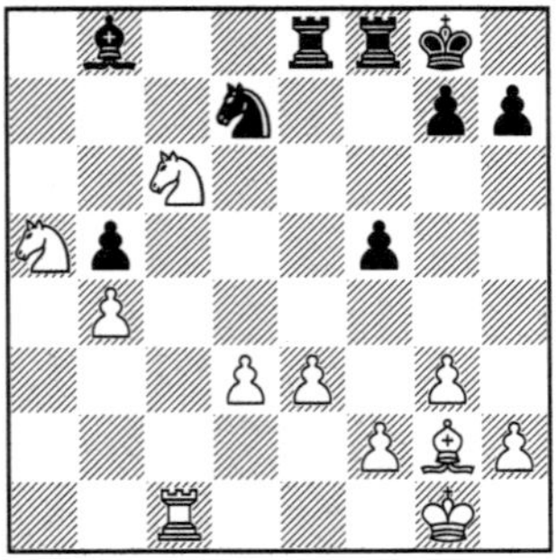

29. d4

Zwei Punkte. Es droht Lf1.

29. ... g5!

Schwarz kämpft darum, Linien für seine Türme zu öffnen.

30. Sxb8

Drei Punkte. Es scheint eine merkwürdige Entscheidung, diesen nutzlosen Läufer für den exzellent plazierten Springer zu tauschen; also muß Karpow dafür etwas eintauschen. Es gab eine Reihe anderer Wege, um der schwarzen Drohung 30. ... f4 zu begegnen. Drei Punkte für 30. Lf3, mit der Idee 30. ... f4 31. gxf4 gxf4 32. e4, um die Stellung geschlossen zu halten. Zwei Punkte für 30. Kf1 mit der Absicht 30. ... f4 31. Ke2, um die Bauernkette zu schützen, obwohl die schwarzen Türme nun mitmischen.

30. ... Txb8

31. Tc7

Drei Punkte. Die einzig annehmbare Folge des Nehmens auf b8; ein Extrapunkt für Sie, wenn Sie dies bei 30. Sxb8 planten. Einen Turm auf die 7.Reihe zu stellen ist fast immer eine gute Idee, aber es wird ein besonders attraktives Angebot, wenn Schwarz seinen König von der Bauerndeckung entblößt hat.

31. ... Sf6

32. Sc6

Ein Punkt.

32. ... Tb6

33. Se7+

Ein Punkt.

33. ... Kh8

34. Sxf5

Ein Punkt. Wenn Sie diese Position bei 32. Sc6 voraussahen, dann weitere zwei Punkte extra.

34. ... Ta6

Es ist sehr oft der Fall, daß, wenn ein

Spieler Material gewinnt, der andere Aktivität für seine Figuren erhält. Der schwarze Turm droht nach a1 oder a2 zu kommen; die f-Linie ist für den anderen Turm offen; und der Springer mag nach g4 hüpfen. War es einen Bauern wert, den schwarzen Figuren so viel Freiheit zu geben? Sie können sicher sein, es war so, wenn Karpow das gespielt hat, insbesondere wenn er einige exzellente Alternativen zur Verfügung hatte. Er muß diese Position vorausgesehen haben, als er die Folge mit 30. Sxb8 begann, und erkannt haben, daß er imstande sein wird, sich zu konsolidieren, freilich nur mit einigen akkuraten Zügen.

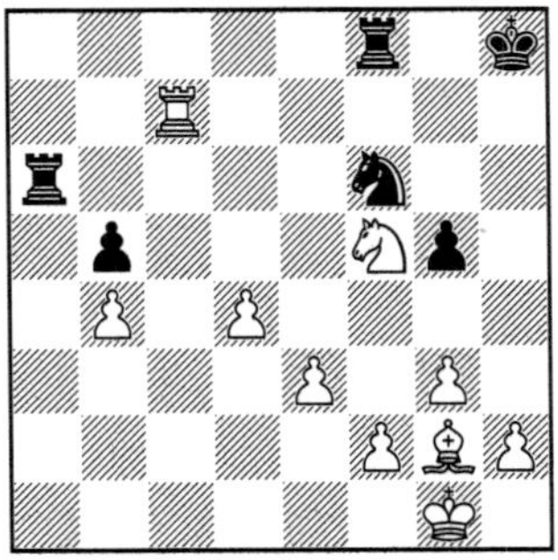

35. Tc1

Drei Punkte. Es ist nötig, etwas für die Grundreihe zu tun. Ein anderer Weg, das Problem anzugehen, ist 35. h3 (ein Punkt), aber das ist nicht ganz so gut: 35. ... Ta1+ 36. Kh2 (36. Lf1? Se4, drohend Sxf2 und Sd2) 36. ... Ta2 und um weiterzukommen, muß Weiß den f-Bauern aufgeben mit 37. g4! Txf2 38. Kg3 Tb2 und Schwarz kann noch kämpfen.

35. ... Ta2

36. h3

Ein Punkt. Dies verhindert 36. ... Sg4.

36. ... Tb2

37. e4

Zwei Punkte. Der b-Bauer ist unerheblich.

37. ... Txb4

38. g4

Zwei Punkte. Nun, da der Springer gedeckt ist, kann eine Bauernwalze übers Brett rollen.

38. ... h5

Auf 38. ... Tc4 sollte Weiß spielen...? 39. Tb1 (zwei Punkte) ist das Genaueste, und dann zurück zum Plan, die Zentrumsbauern vorzuschieben. Das Wichtigste ist, nicht die Türme zu tauschen; der Freibauer gäbe Schwarz ernsthaftes Gegenspiel. Überhaupt, wenn man im Endspiel die Qualität weniger hat, ist es gewöhnlich am besten, Turmtausch zu vermeiden.

39. e5

Zwei Punkte.

39. ... hxg4

Auf 39. ... Sh7 gewinnt 40. e6 leicht.

40. exf6

Ein Punkt.

40. ... gxh3

41. Lxh3

Ein Punkt.

41. ... Txf6

42. Tc8+

Ein Punkt.

42. ... Kh7

43. Tc7+

Zwei Punkte. Diese Schachs waren

nicht zum Spaß. Der einzige Weg, weiterzukämpfen, wäre nun für Schwarz der Rückzug auf die Grundreihe - nicht die beste Position. Weiß würde den Turm hinter den b-Bauern bringen, dann das Vorgehen des d-Bauern mit dem Anmarsch des Königs übers Brett verbinden, je nachdem wie Schwarz reagiert.

43. ... Kg6

44. Tg7+

Ein Punkt.

44. ... Kh5

45. f3

Ein Punkt. Der einzige Weg, Lg4 matt zu verhindern, ist den Turm für den Springer herzugeben; also **gab Schwarz auf.**

Partie 4: Das Rollen des Würfels

Diese Partie ist eine gute alte Königsjagd. Die Energie des weißen Spiels ist typisch für Larry Christiansens Stil: er liebt den Angriff, und er nimmt oft beträchtliche Risiken beim Kampf um die Initiative auf sich - ganz genau die Art Spiel, die nötig ist, um in der amerikanischen Turnierszene Erfolg zu haben. Er hat nun sein Quartier in Deutschland, wo er sich in der Bundesliga einen Namen gemacht hat, und hatte beachtlichen Erfolg in europäischen Turnieren.

Christiansens Gegner in dieser Partie ist Großmeister Walter Browne, vielfacher US-Meister, der ebenfalls als Spieler auf Chance am Brett bekannt ist. Der Ort dieses Treffens war vielleicht nicht unpassend.

Christiansen - Browne
Las Vegas 1990, Englisch

1. c4 e5 2. Sc3 Sc6 3. Sf3 f5 4. d4 e4 5. Se5 Sxe5 6. dxe5 Se7 7. Lg5 h6

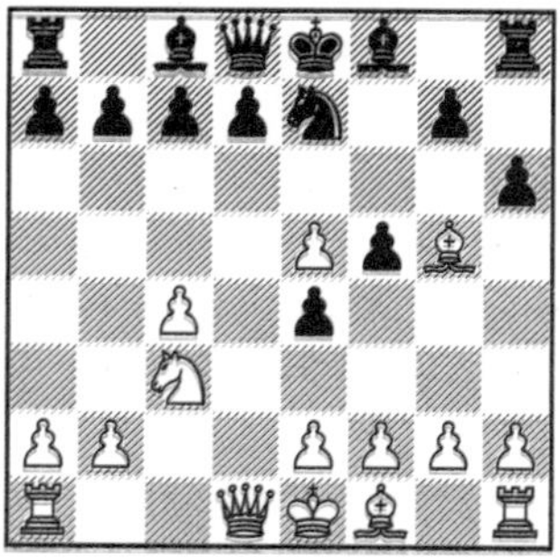

Versuchen Sie nun die weißen Züge vorauszusagen.

8. Lh4

Vier Punkte. Nehmen würde nur Schwarz helfen, seine Figuren zu entwickeln; und 8. Le3 behindert die weiße Entwicklung; aber 8. Lf4 (zwei Punkte) war interessant. Falls 8. ... Sg6 9.e3 und die Dame droht bereits einen Ausfall nach h5.

8. ... c6

Hätte Schwarz stattdessen 8. ... g5 gespielt, dann rettet 9. e3! die Figur und läßt Schwarz in Schwierigkeiten: 9. ... Lg7 10. Dh5+ Kf8 11. Lg3.

9. e3

Ein Punkt.

9. ... Da5

10. Lg3

Ein Punkt. Der einzig sinnvolle Weg, den e-Bauern zu decken.

10. ... g6

11. Le2

Zwei Punkte. Wenn Sie in verzweifelter Sorge wären, den e-Bauern zu halten mit 11. f4 (ein Punkt), kann ich das verstehen. Das Problem ist, daß dies die Stellung blockiert läßt, so daß ein Durchbruch schwieriger wird, weil Schwarz dann genug Zeit hat, seine beengte Stellung zu entwirren.

11. ... h5

Wie hätten Sie auf 11. ... Lg7 reagiert? Zwei Extrapunkte für 12. Dd6. Sie können die Kraft hinter diesem Zug spüren. Die schwarze Stellung wird komplett in zwei Hälften geteilt.

12. a3

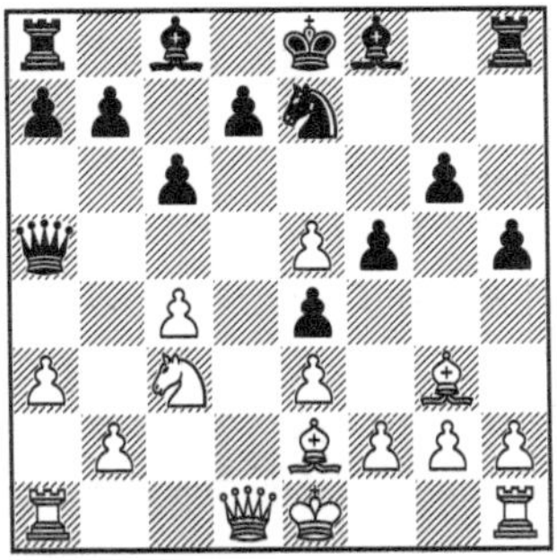

Wenn Sie den gefunden haben, keinen Punkt, aber wenigstens können Sie froh sein zu wissen, daß Ihr Gehirn in derselben mysteriösen Weise arbeitet wie das von GM Christiansen. Der einfachste Weg, die schwarze Stellung im Griff zu behalten, ist 12. h4 (drei Punkte). Die festgelegten schwarzen Königsflügelbauern sehen häßlich aus.

12. ... h4

13. Lf4

Ein Punkt.

13. ... g5

14. Lxg5

Ein Punkt.

14. ... Dxe5

Schwarz hat es geschafft, sich von dem lähmenden e-Bauern zu befreien, aber Weiß hat weiterhin einen gefährlichen Entwicklungsvorsprung.

15. Lf4

Zwei Punkte. Ein sehr solider Zug; der Läufer kommt mit Tempogewinn in eine zentralere Position zurück. Trotzdem sehe ich nichts, was gegen ein Schach auf h5 spricht: 15. Lh5+ (zwei Punkte) 15. ... Kd8, und nun hat Weiß die Wahl zwischen dem logischen 16. 0-0 und dem gefräßigen 16. Lxh4. Falls Schwarz 16. ... f4 zieht, ist 17. g4! möglich, denn nach 17. ... fxg3 (e.p.) deckt 18. hxg3! indirekt den Läufer h5.

15. ... Df6

16. 0-0

Zwei Punkte. Dasselbe für 16. Lh5+.

16. ... Sg6

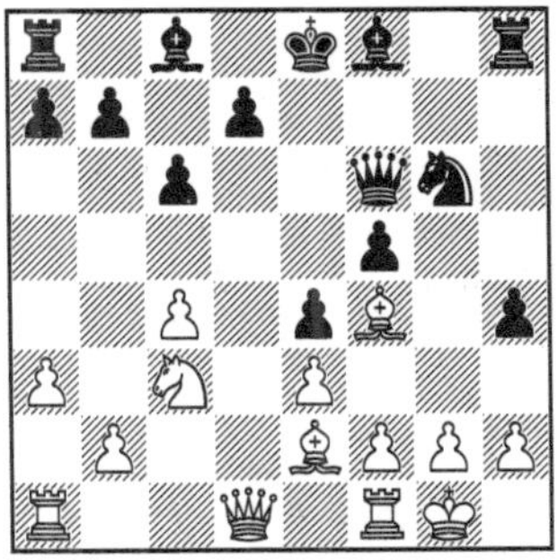

17. Lc7

Wenn Sie durch irgendeinen Geistesblitz auf diesen Zug gekommen sind, nehmen Sie zwei Punkte, eine Handvoll Beruhigungspillen und den Rest der Woche von der Arbeit frei. Dies ist einer der "verrücktesten" Züge, den ich seit langem gesehen habe - und er macht Christiansen alle Ehre. Irgend etwas mußte gegen die "Bedrohung" des Läufers f4 getan werden. Der vernünftigste und offensichtliche Zug ist 17. Lh5 (zwei Punkte), was in irgendeinem Moment den Abtausch dieses Läufers für den Springer mit sich bringt (der Läufer f4 ist der, den es wert ist zu behalten, da er auf solch einem guten Feld steht), aber Christiansen muß seinen Vorteil in diesem Fall als unzureichend betrachtet haben.

Mit leichtem Vorteil nicht zufrieden, beginnt er, typisch für ihn, auf Chance zu spielen. 17. Lc7 verspricht großen Lohn, wenn es zum Ziel führt, aber enthält gleichzeitig großes Risiko.

17. ... d6

Das ist die Schattenseite von 17. Lc7 - der Läufer hat gute Aussichten, gefangen zu werden.

18. f3

Fünf Punkte. Und das ist die positive Seite. Während Schwarz mit dem Versuch beschäftigt ist, sich den Läufer zu holen, läßt Weiß das Zentrum explodieren.

18. ... De7

19. La5

Zwei Punkte. Weiß hätte nicht genug für die Figur nach 19. fxe4 Dxc7 20. exf5 Se5. Dieser Springer wäre zu stark.

19. ... b6

20. Da4

Vier Punkte. Ein sehr starker Zug. Nur auf diese Weise kann Weiß genügend Kompensation für die Figur erhalten; so fürchte ich, daß es für andere Züge keinen Punkt gibt.

20. ... Db7

Schwarz muß seine Dame auf ein schlechtes Feld stellen, um den Läufer zu fangen, denn falls 20. ... Ld7, so 21. Lxb6, und wenn 20. ... Lb7, dann...? Nach 21. Sd5! Dd8 22. Lc3 rettet Weiß die Figur und hat obendrein gewaltigen Angriff. Ein Extrapunkt, wenn Sie 21. Sd5 gefunden haben.

21. fxe4

Drei Punkte. Es ist Zeit, sich in den Schlamassel zu stürzen, da der Läufer nicht länger zu halten war: 21. Lb4 a5 ist viel schlechter.

21. ... bxa5

22. c5

Sechs Punkte. Ein sehr wichtiger Zug. Im Moment ist die weiße Dame am Brettrand aufs Abstellgleis geraten. Wenn der Angriff zum Erfolg führen soll, ist es unentbehrlich, daß sie mitten ins Gefecht geworfen wird, und dieser Bauernzug räumt ihr einen Weg ins Zentrum.

Ein Punkt für 22. exf5.

22. ... Se5

23. exf5

Zwei Punkte. Der einfachste Weg, um weiterzukommen, aber 23. Dd4 (ein Punkt) war auch interessant.

23. ... Dg7

Nicht gut. Dies sieht wie ein Zeitnotzug aus. Wie hätten Sie statt dessen auf 23. ... dxc5 geantwortet?

24. Df4 (zwei Punkte) ist der beste Zug (Zentralisierung!). Das ist besser als 24. De4, was dem Springer ein exzellentes Feld nimmt. Die beste Chance für Schwarz war tatsächlich 23. ... Lh6, zur Vorbereitung der Rochade.

24. f6

Vier Punkte. Dieser Bauer hat die Wirkung, die schwarzen Kräfte zu zersplittern.

24. ... Dg6

25. f7+

Zwei Punkte. Der Bauer ist nicht vom Springer zu nehmen wegen Dxc6+, also muß der König ziehen - was das Leben für den Angreifer sehr angenehm macht.

So ähnlich muß es in den Tagen gewesen sein, bevor die Rochaderegel eingeführt wurde, um das 16.Jahrhundert herum: wenn man einen Angriff auf den König begann, konnte man sicher sein, daß dieser nicht in irgendeiner feigen Manier zum Brettrand entwischen würde.

25. ... Ke7

26. Sd5+

Drei Punkte. Wird der Springer genommen, setzt 27. De8 matt.

26. cxd6 (drei Punkte) mit der Idee 26. ... Dxd6 27. Tad1 war ein simpler Weg, den Angriff fortzusetzen, und genauso gut.

26. ... Kd7

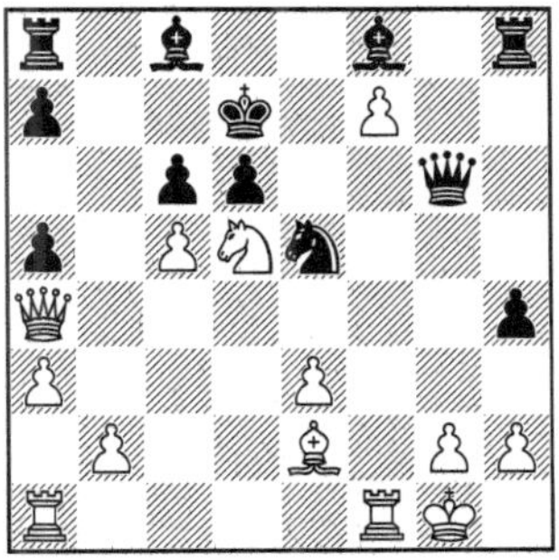

27. Sf6+

Zwei Punkte. Dieselbe Gutschrift für 27. Tad1.

27. ... Ke6

Der König muß übers Brett wandern, denn nach 27. ... Kc7 oder 27. ... Kd8 ist 28. Dxa5+ vernichtend; und auf 27. ... Ke7 bringt 28. cxd6+ das Ende.

28. Tad1

Fünf Punkte. Diese Art Angriffszüge sind vielleicht am schwersten zu sehen. Bevor er sich auf eine forcierte Zugfolge einläßt, bringt Christiansen ruhig einen Turm zum Angriff: die schwarze Position ist solch ein Wrack, daß es für ihn keine Chance gibt, seine Kräfte zum Aufbau einer Verteidigung zu koordinieren.

Zwei Punkte für 28. Se8, was nicht ganz so effektiv ist, aber mehr Spaß macht.

28. ... Tb8

Von diesem Punkt an ist es möglich, bis zum Ende durchzurechnen.

29. Lc4+

Ein Punkt.

29. ... Sxc4

30. Dxc4+

Ein Punkt.

30. ... Ke7
Wie hätten Sie auf 30. ... d5 gespielt? (In einer Partie wäre es nötig gewesen, dies schon bei 29. Lc4+ vorbereitet zu haben.)
Ein Extrapunkt für 31. Txd5 oder 31. Sxd5, was beides gewinnt - das erstere am spektakulärsten: 31. Txd5 cxd5 32. Dxd5+ Ke7 33. De5+ Kxf7 34. Sd7+ Kg8 35. Txf8+ Kh7 36. Txh8 matt.
31. cxd6+
Ein Punkt.
31. ... Kd8
32. Dxc6
Ein Punkt.
32. ... Dxf7
33. Sd5
Ein Punkt. Dasselbe für 33. Se8.
33. ... Db7
34. Dc7+
Ein Punkt. Und hier **gab Schwarz auf**.

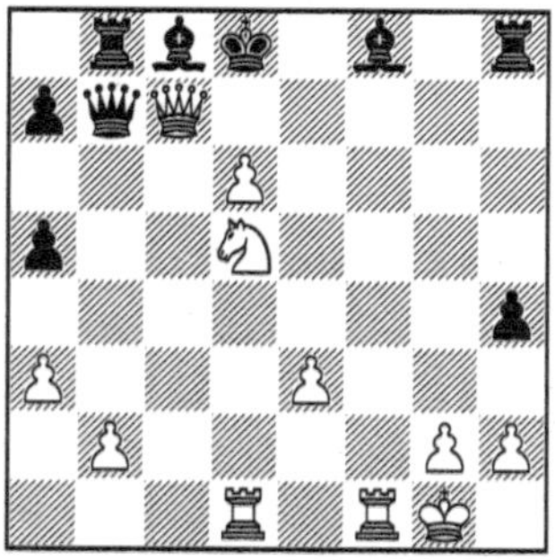

Partie 5: Erfahrung gegen Jugend

Selbst im Zenit seiner Karriere besaß Boris Spassky nie allzu starke theoretische Schlagkraft. Seine Stärke lag in seiner Fähigkeit zum Angriff, seinem vollendeten Verständnis des Mittelspiels und seiner exzellenten Technik, einem Gegner den Garaus zu machen. Vielleicht sollte ich nicht in der Vergangenheitsform schreiben! Spassky zeigt immer noch diese selben Charakteristika seines Spiels, aber sein Mangel an Ehrgeiz hat sie beeinträchtigt: Verständnis und Technik dominieren, und normalerweise zieht er es vor, das Spiel in ruhigere Gewässer zu steuern als auf einen Angriff zu spekulieren. Ich bin sicher, daß Spasskys Gegner dies in Rechnung stellte, als er in folgender Partie mit dem Benkö-Gambit loslegte. Zweifellos mit der neuesten Theorie bis an die Zähne gewappnet, hoffte er den Exweltmeister direkt vom Anstoß weg in ein scharfes Gefecht zu verwickeln.
Wie, meinen Sie, wird Spassky mit dieser Situation fertig werden? Wird er aus allen Rohren zurückschießen? Oder wird er versuchen, die Aggression einzudämmen?

Spassky - R.Koch
Französische Meisterschaft 1992,
Benkö-Gambit

1. d4 Sf6 2. c4 c5 3. d5 b5 4. cxb5 a6

5. bxa6 g6 6. Sc3 Lxa6 7. e4 Lxf1 8. Kxf1 d6 9. g3 Lg7 10. Kg2 0-0 11. Sf3 Sbd7 12. h3 Db6 13. Te1 Tfb8

Nun beginnen Sie, die weißen Züge vorherzusagen.

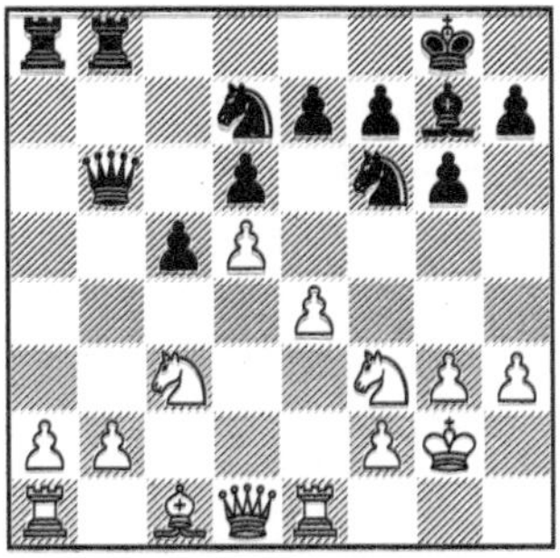

14. Te2

Drei Punkte. Spasskys Variantenwahl ist bereits ein Zeichen dafür, daß er sehr solid spielen will. Vorbeugung statt Gegenangriff ist das Thema des Tages. Vor 20 Jahren war dieses System eine der populärsten Methoden, das Benkö-Gambit zu beantworten. Es verlor an Beliebtheit, weil den Weißspielern die damit verbundene lange Verteidigungsaufgabe nicht gefiel, bei der man ständig vor schwarzen Tricks auf der Hut sein muß. Auch wenn es ihnen gelang, unbeschadet das Mittelspiel zu überstehen, aufgrund des schwarzen Drucks am Damenflügel, wurde das Endspiel öfter Remis als nicht.

14. Te2 ist ein sehr sinnvoller Zug, der die empfindlichste Stelle in der weißen Position überdeckt: b2.

14. Dc2 (drei Punkte) ist ebenfalls gut motiviert.

14. e5 (ein Punkt) ist voreilig. Nach dem Abtausch 14. ... dxe5 15. Sxe5 Sxe5 16. Txe5 ist 16. ... Db7! ein starker Zug; Weiß ist sehr gebunden.

14. ... Da6

15. Dc2

Zwei Punkte. Ein weiterer solider Zug, der c3 und b2 mehr Halt gibt. Ebenfalls zwei Punkte für 15. Tc2. In dieser Phase muß Weiß behutsam vorgehen.

Ein scheinbar normaler Entwicklungszug wie 15. Lf4 kann zum Desaster führen: 15. ... Sh5! 16. Lg5 (der beste Zug ist, mit 16. Lc1 aufs Ausgangsfeld zurückzugehen) 16. ... Txb2! 17. Txb2 Lxc3 18. Dc2 Lxb2 19. Dxb2 Shf6. Eine typische Benkö-Stellung. Schwarz hat den Bauern wieder und behält die Initiative, weil a2 und e4 so schwach sind. Keine Punkte für irgendeinen Läuferzug - aber einen für Sie, falls Sie obige taktische Wendung bemerkt haben.

15. De1!? (ein Punkt) ist eine interessante Idee, die versucht, dem Durchbruch e5 Nachdruck zu verleihen. Sie hat zudem den Vorteil, c3 zu überdekken; jedoch ist 15. ... Se8 eine gute Antwort.

15. ... Sb6

16. a4

Drei Punkte. Sie sollten erkannt haben, daß Schwarz mit 15. ... Sb6 eine konkrete positionelle Drohung hatte, nämlich Sa4, was den Druck am Damenflügel verstärkt.

16. b3 (ein Punkt) ist der offensichtlichste Weg, dieser Drohung zu begegnen, und hätte Weiß einen weiteren

Zug, könnte er mit Lb2 seine Entwicklung beenden und hätte gute Chancen, den Mehrbauern zu konsolidieren. Aber Schwarz schlägt direkt zu mit 16. ... Sfxd5!, wieder einmal eine typische Benkö-Kombination: 17. exd5 (17. Sxd5 Lxa1) 17. ... Lxc3 18. Dxc3 Dxe2. Zunächst scheint es, daß Weiß gute Kompensation für die Qualität hat nach 19. Lb2 f6 20. Te1, aber Schwarz kann in ein günstiges Endspiel abwickeln mit 20. ... Sxd5! 21. Txe2 Sxc3 22. Lxc3. Obwohl die Materialbilanz ungefähr gleich ist, hat Schwarz dank seiner zentralen Bauernmasse die besseren Chancen.

Erneut sind Läuferzüge nicht ratsam: 16. Lf4 Sa4! oder 16. ... Sc4! und Weiß muß kämpfen, um die schwarze Initiative einzudämmen.

16. ... Sfd7

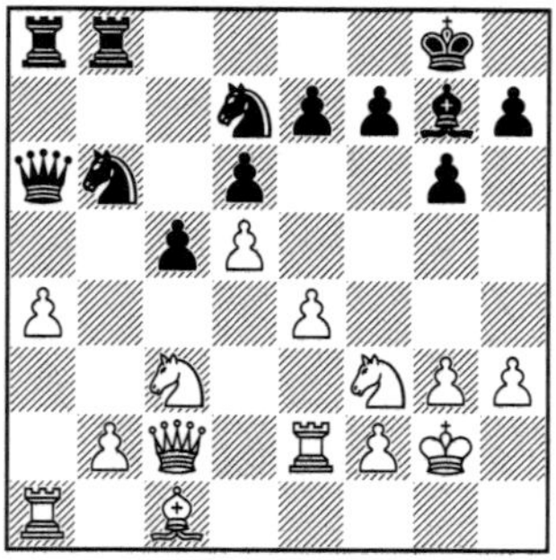

17. Ta2

Drei Punkte. Ein logischer Zug, der den Turm aus der langen Diagonale entfernt - wir sahen bereits, daß Weiß leicht taktischen Schlägen zum Opfer fallen kann, die auf der latenten Kraft des schwarzen Läufers g7 beruhen.

17. Sb5 (ein Punkt) war eine sehr verlockende Alternative. Die mit 17. ... Sxd5 beginnenden Komplikationen sind günstig für Weiß: 18. exd5 Txb5 19. axb5 Dxa1 20. Txe7; ein Extrapunkt, wenn Sie dies richtig vorausberechnet haben. Wenn jedoch Schwarz sich gegen die Drohung Sc7 ruhig mit 17. ... Tb7 verteidigt, hat Weiß keinen befriedigenden Weg, Sxa4 zu parieren. Wenn Sie darauf versessen waren, Ihren a-Bauern mit 17. b3 zu verteidigen, dann fünf Punkte Abzug! Inzwischen sollten Sie vor Tricks in der langen Diagonalen auf der Hut sein. Ein Extrapunkt, wenn Sie sahen, daß 17. ... Lxc3 eine Figur gewinnt.

17. Lg5 (kein Punkt) bedroht zumindest den e-Bauern, aber wie vorher läßt es den Damenflügel zu schwach; statt einen Zug für die Verteidigung des Bauern zu verschwenden, ergreift Schwarz die Initiative mit 17. ... Sc4! 18. b3 Sa5 und irgendetwas wird fallen.

Zurück zu 17. Ta2. Eine Frage an Sie: wie würden Sie fortsetzen, falls sich Schwarz entschließt, seinen Bauern mit 17. ... Lxc3 18. bxc3 Sxa4 zurückzuholen? Die Antwort folgt nach dem nächsten schwarzen Zug...

17. ... Sc4

Ich denke, dieser Zug ist ein klarer Fehler. Die beste Chance für Schwarz war, den Bauern zu nehmen, wie oben erwähnt. Der einzige Weg für Weiß, Vorteil zu suchen (nach 17. ... Lxc3 18. bxc3 Sxa4) ist den Königsflügel mit

19. e5! zu öffnen in der Hoffnung, daß der Läufer eindringen kann. Drei Punkte, wenn das Ihre Idee war. Wenn Weiß zögert, wird Schwarz die Stellung mit f6 geschlossen halten und freie Hand am Damenflügel haben.

18. b3

Zwei Punkte. Nach Spasskys sorgfältiger Vorbereitung ist dieser Zug nun möglich. Es ist etwas sehr Ansprechendes an diesem Zug: er verbindet die Schwerfiguren.

Es war noch nicht zu spät, Ihre Stellung zu verpatzen mit dem verlockenden 18. Sb5 (minus fünf). Ein Bonuspunkt, wenn Sie sahen, daß dies an 18. ... Txb5 scheitert.

18. ... Sce5

19. Sxe5

Ein Punkt.

19. ... Sxe5

20. Sb5!

Vier Punkte. Genau rechtzeitig. Der Springer blockt die schwarze Dame und beide Türme ab; keine schlechte Leistung! Wenn Weiß einen Moment zögert, könnte c4 oder Sd3 folgen mit lästigem Gegenspiel. Also kein Punkt für andere Züge.

Beachten Sie, daß dieser Zug nur möglich ist, weil der Turm auf ein Feld zog, wo er gedeckt ist.

20. ... c4

Ein guter Versuch, im trüben zu fischen. Achtung!

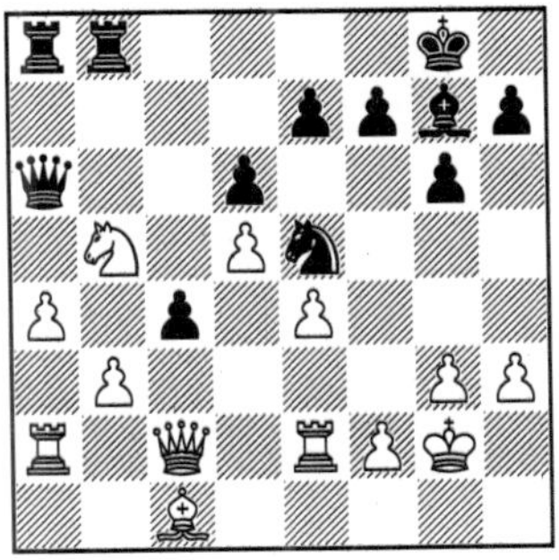

21. Lf4

Vier Punkte. Das einfachste, mit der Absicht, die aktivste schwarze Figur zu tauschen. Es gab mehrere plausible Alternativen, einige besser als andere. Zunächst 21. Sc7? (keine Punkte) 21. ... Da7! 22. Sxa8 cxb3 23. Dc7 Dxa8 24. Ta1 Sd3 25. Tb1 Tc8 mit Materialgewinn.

21. bxc4?! (nur ein Punkt) 21. ... Tc8; nach Txc4 wird wahrscheinlich auch der a-Bauer fallen.

21. b4!? (zwei Punkte) hält die Stellung geschlossen, aber 21. ... Tc8!, was den c-Bauern sichert und Sd3 vorbereitet, stört. Der schwarze Springer ist ein Monster.

21. f4! (vier Punkte) ist sicher das Beste im Angebot: 21. ... cxb3 22. Dxb3 Sd7 23. Le3 läßt Weiß eine dominierende Stellung. Ich bin sicher, daß Spassky die Partiefortsetzung dieser Variante vorzog, weil er da immer auf seinen König achtgeben müßte: nachdem f4 gespielt wurde, ist die zweite Reihe potentiell schwach.

21. ... Tc8

22. Lxe5

Zwei Punkte. Normalerweise wäre es kriminell, derart Läufer gegen Springer zu tauschen, aber in den vorhergehenden Zügen hat Spassky alles von der langen Diagonale entfernt (17. Ta2, 18. b3, 20. Sb5), so daß der schwarze Läufer nur in die Luft schießt. Aus den Varianten der letzten Anmerkung wird klar, daß der Springer die Quelle des schwarzen Gegenspiels ist; so durchschlägt dieser Zug den gordischen Knoten.

22. ... cxb3

23. Dxb3

Ein Punkt.

23. ... Lxe5

24. Tec2

Zwei Punkte. Die Stellung ist eindeutig technisch gewonnen für Weiß, aber das heißt nicht, daß der Gewinn leicht ist. Ließen Sie sich von 24. f4 (null Punkte) 24. ... Lg7 25. e5 verleiten? Sicher, das weiße Zentrum sieht eindrucksvoll aus, aber das wäre ein guter Weg, den Gewinn zu torpedieren: der weiße König ist exponiert und 25. ... Tc5! erinnert daran, daß der d-Bauer schwach ist.

24. ... Txc2

25. Dxc2

Ein Punkt.

25. ... Tc8

26. De2

Zwei Punkte. Ebenso zwei für 26. Db3. Wie würden Sie nun fortsetzen, falls Schwarz 26. ... Tc5 spielt, um den Vorstoß des a-Bauern aufzuhalten?

26. ... Da5

Falls stattdessen 26. ... Tc5, dann zwei Bonuspunkte, wenn Sie den exzellenten Zug 27. Sd4! fanden. Der Damentausch vereinfacht weiter die Stellung, und mit dem Turm hinter dem Freibauern ist das Endspiel leicht gewonnen; die Dame zu ziehen erlaubt Sc6!, was den Vormarsch des a-Bauern erleichtert.

27. Tc2

Zwei Punkte. Einfach und wirksam. Mit jedem Tausch kommt Weiß seinem Ziel einen Schritt näher. Nun ist die schwarze Dame daran gebunden, den a-Bauern zu stoppen.

27. ... Txc2

28. Dxc2

Ein Punkt.

28. ... De1

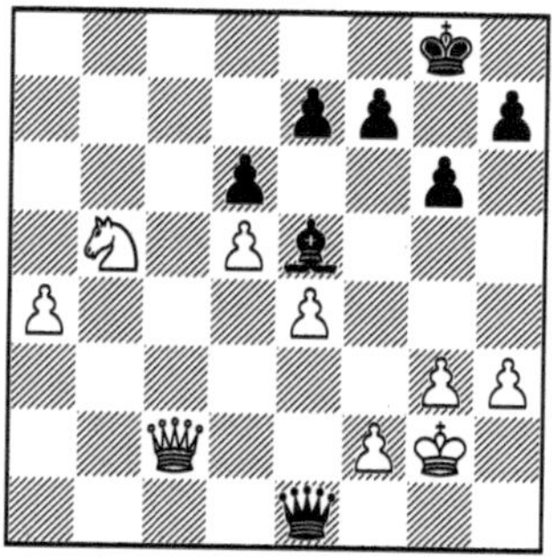

29. Sa7!

Fünf Punkte. Ein Riesenzug.

Weiß muß einen Weg finden, den a-Bauern ins Rollen zu bringen. 29. Sa3 (nur ein Punkt) mit der Idee Sc4 ist der andere Weg, daran zu gehen, aber dies erlaubt dem Läufer eine exzellente Diagonale zu besetzen: 29. ... Ld4! bindet die weiße Dame an die Verteidigung von f2, und der Gewinn ist schon fraglich. Falls 30. Sc4 Lxf2!.

29. ... Lc3

30. Sc6

Zwei Punkte. Es sollte recht offensichtlich sein, wo der hinwollte.

Dies ist ein wundervolles Feld. Der Springer zwingt sowohl Dame wie Läufer, den a-Bauern im Auge zu behalten; er hindert den Läufer nach d4 zu kommen, und er zielt auf eine Schwachstelle nahe dem schwarzen König.

30. ... Kf8

31. Dd3

Zwei Punkte. Droht De3, was Damentausch erzwingt. Schwarz muß sich verbiegen, um das zu verhindern.

31. ... Ld2

32. Dd4

Drei Punkte. Alles, was Spassky zu tun braucht, ist die Dame an den schwarzen König heranzubringen, und die Partie wird aus sein. Dieser Zug erzwingt eine leichte Schwächung der schwarzen Stellung.

32. ... f6

33. h4

Zwei Punkte. Ziehen Sie eine Handvoll ab, wenn Sie mit der Dame auf Abwege gerieten: 33. Da7? Dxe4+ verteidigt den bedrohten Bauern e7.

33. ... h5

34. Dd3

Drei Punkte. Der Beginn des entscheidenden Manövers. Zwei Punkte für Sie, wenn Sie dies im letzten Zug spielen wollten.

34. ... Kf7

Schwarz kann nur abwarten. Zieht er Läufer oder Dame, dringt der a-Bauer vor.

35. Df3!

Zwei Punkte.

35. ... Da1

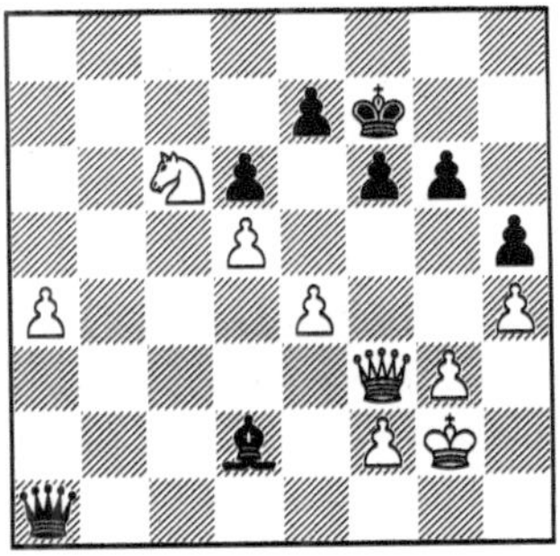

36. g4!

Drei Punkte. Wenn Sie diese Idee schon einige Züge früher bei den Damenmanövern sahen, schreiben Sie zwei Bonuspunkte gut.

36. ... Dxa4

37. gxh5

Ein Punkt.

37. ... gxh5

38. Dxh5+

Ein Punkt.

38. ... Kg7

39. Dg4+

Ein Punkt. Gibt jemand zu, 39. Sxe7 zu spielen? Dafür Kopf ab!

39. ... Kf8

40. De6!

Zwei Punkte. Der Springer hindert die Dame sogar, zur Verteidigung des Bauern zurückzukehren. **Schwarz gab auf**.

Glänzende Technik Spasskys. Sein Gegner hatte nicht den Hauch eines Gegenspiels.

Partie 6:
Genesis eines Champions

Obwohl Gary Kasparow sich seinen Weg an die Spitze der Schachwelt erkämpfte, indem er vielen Gegnern mit dynamischen Opfern den Kopf verdrehte, erkannte er, daß dieser Stil gegen die Kaltblütigkeit und Präzision Anatoli Karpows nicht ausreichte. Um den höchsten Gipfel zu ersteigen, mußte er seine Aggressivität beherrschen, und dabei wurde er ein vielseitigerer Spieler. Die Partie, die ich ausgesucht habe, stammt aus Kasparows frühen Tagen (er war damals gerade 14), als Bauern für ihn nicht so viel zählten. Sein Gegner ist ein Lokalrivale aus Baku, Eldar Magerramow, der inzwischen Großmeister wurde. Dies war eine Trainingspartie, und man kann mit Sicherheit sagen, daß ein großer Teil von Kasparow zuvor präpariert worden war; seine wildesten Partien sind oft das Resultat gründlicher Heimarbeit.

Magerramow - Kasparow
Baku 1977, Abgelehntes
Damengambit

1. Sf3 Sf6 2. d4 e6 3. c4 d5 4. Sc3 Le7 5. Lg5 h6 6. Lh4 0-0 7. e3 b6 8. Db3 Lb7 9. Lxf6 Lxf6 10. cxd5 exd5 11. Td1

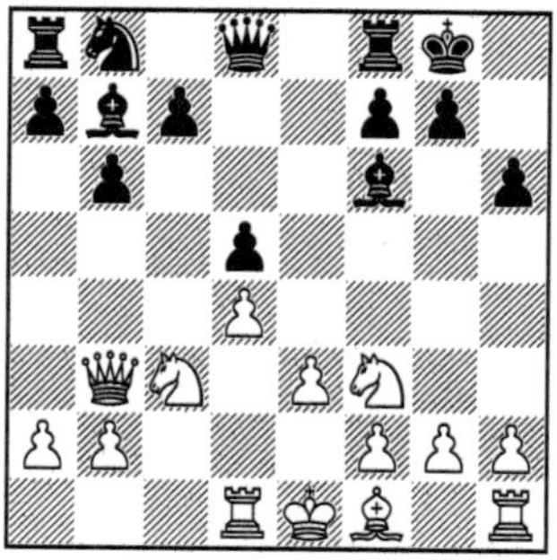

Beginnen Sie nun mit der Vorhersage der schwarzen Züge.

11. ... c5

Vier Punkte. Ein explosiver Zug, typisch für Kasparows Stil in der Jugend. Einige Jahre später war er imstande, in derselben Stellung seine natürlichen Instinkte zu zügeln und spielte das konservativere (und korrekte) 11. ... Te8; im Gegensatz zu dieser Partie unternahmen die Spieler einige gewissenhafte Manöver: 12. a3 c6 13. Ld3 Sd7 14. 0-0 Sf8 15. Lb1 g6 16. Tfe1 Se6 17. La2 Dc7 (Kortschnoi - Kasparow, Kandidatenmatch London 1983). Schwarz versucht nach wie vor die Stellung mit c5 aufzubrechen, was die Läufer befreit, aber er bereitet es zuerst sorgfältig vor.

Vier Punkte für 11. ... Te8; und zwei für 11. ... c6, was Sd7 vorbereitet.

12. dxc5

12. ... Sd7

Vier Punkte. Die einzig richtige Folge. Wenn stattdessen 12. ... bxc5 13. Dxb7, und Nehmen auf c3 hilft auch nicht viel.

13. c6

Die Annahme des Bauernopfers mit 13.

cxb6 war die kritische Fortsetzung. Wie hätten Sie dann fortgesetzt?

13. ... Sc5 (zwei Punkte) ist am besten, was durch Angriff auf die Dame ein Tempo vor dem Nehmen auf b6 gewinnt. Ob Schwarz genug für den Bauern hat, ist schwer zu sagen; dies war definitiv der Weg, die Korrektheit des Bauernopfers zu testen.

13. ... Lxc6

Ein Punkt. Nichts für den Zwischenzug 13. ... Sc5, der eine Pointe haben könnte, wenn Weiß 14. Dxd5 Lxc3+ 15. bxc3 Dxd5 16. Txd5 Lxc6 spielt, wonach Schwarz einige Kompensation für den Bauern hat; es scheitert aber an 14. cxb7 Sxb3 15. bxa8D Dxa8 16. axb3. Zwei Leichtfiguren und ein Turm ist ein zu hoher Preis für die Dame.

14. Sd4

Was sollten Sie hier als Antwort auf 14. Sxd5 spielen?

14. ... Sc5 (zwei Punkte) ist wieder einmal der Zug. Weiß sollte 15. Dc4 ziehen, was den Springer gedeckt hält, dann 15. ... Lxb2; die schwarze Position hält zusammen dank seines gut postierten Springers auf c5 (keine Bauern können ihn angreifen). Zum Glück hat Weiß keinen nützlichen Abzugsangriff mit seinem Springer.

14. ... Lxd4

Drei Punkte. Vom strategischen Standpunkt sieht es merkwürdig aus, den Läufer herzugeben, aber der Zug sollte als Einleitung einer kraftvollen Zwangsfolge gesehen werden. (Nach 14. ... Lb7 kann Weiß einfach den Bauern d5 nehmen.)

15. Txd4

Versuchen Sie von diesem Punkt an auszuarbeiten, was Kasparows Angriffsidee ist. Hätte Weiß 15. exd4 gespielt, was wäre Ihre Antwort?

15. ... Dg5 (zwei Punkte) ist störend für Weiß. Er muß erst 16. g3 spielen, bevor er den Läufer entwickelt, dann sieht 16. ... Df5 wie ein guter Zug aus: falls 17. Le2 Dh3; und bei 17. Lg2 Tfe8+ hat Weiß Probleme mit der Rochade.

Beachten Sie, daß 15. ... Te8+ nicht so effektiv wäre: 16. Le2, und Weiß rochiert im nächsten Zug.

15. ... Sc5

Vier Punkte. Lebenswichtig. Falls Schwarz schablonenhaft Te8 oder Sf6 zieht, dann wird Weiß 16. Le2 und 17. 0-0 spielen mit besserer Stellung: es würde nicht viel Mühe kosten, mit Lf3 und Tfd1 auf den isolierten d-Bauern loszugehen. Die Stellung spielt sich von selbst.

16. Dd1

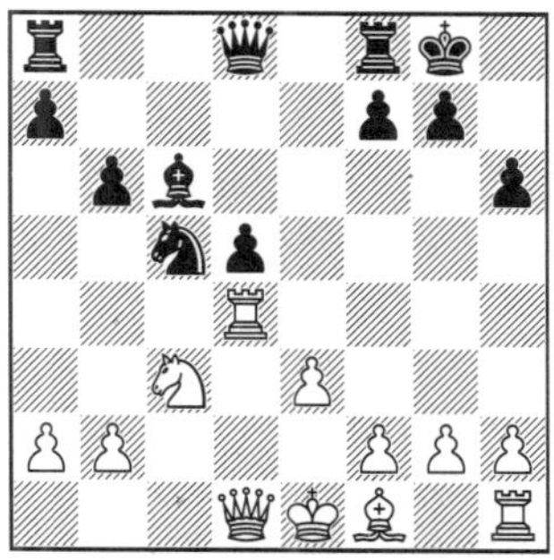

16. ... Se6

Zwei Punkte.

17. Td2

17. ... d4
Fünf Punkte. Dies ist die Pointe der mit 14. ... Lxd4 eingeleiteten Folge. Kasparow opfert einen Bauern, um die lange Diagonale und die e-Linie zu öffnen. Wenn Sie nach 15. Txd4 erkannt haben, daß dies die große Idee war, dann buchen Sie weitere vier Punkte.
18. exd4
18. ... Te8
Drei Punkte. Der beste Weg, Fortschritte zu machen. Wenn 18. ... Sf4, dann kann sich Weiß mit 19. f3 verteidigen - der König entschlüpft nach f2, wenn der Turm Schach gibt.
19. f3
Hätte Weiß 19. d5 gespielt, wie hätten Sie erwidert? (Sie werden mehr als einen Zug vorausdenken müssen.)
Die korrekte Folge ist 19. ... Sf4+ 20. Le2 Sxg2+ 21. Kf1 Ld7!. Drei Extrapunkte, wenn Sie soweit kamen. Der weiße König steckt im schlimmsten Schlamassel; der Springer ist nicht zu nehmen wegen 22. Kxg2 Dg5+ 23. Kf1 Lh3+ 24. Ke1 Dg2.
19. ... Lxf3
Sechs Punkte. Es ist ziemlich ungewöhnlich, daß Schwarz kein tödliches Abzugschach zur Verfügung hat. 19. ... Sf4+ (drei Punkte) ist das beste davon: 20. Kf2 De7! 21. La6 De3+ 22. Kf1, und die weiße Stellung ist nicht beneidenswert.
Nichts für 19. ... Sxd4+, was zum Remis führt: 20. Kf2 De7! 21. Txd4 De3+ 22. Kg3 De5+ 23. Kf2 etc.
20. gxf3
20. Dxf3 Sg5+ gewinnt die Dame.
20. ... Dh4+
Zwei Punkte.

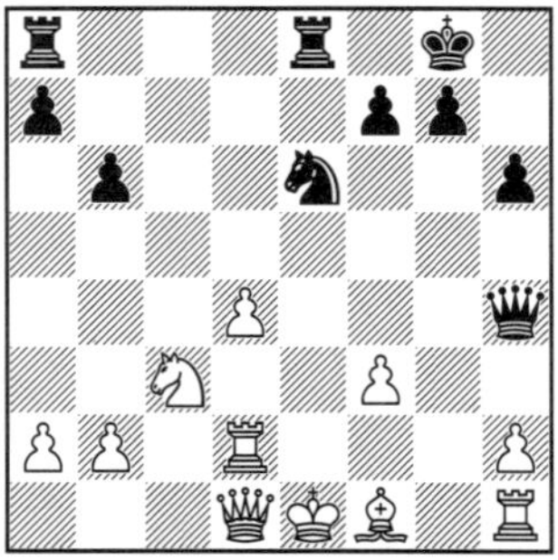

21. Tf2
21. ... Sxd4+
Zwei Punkte.
22. Le2
22. ... Sxf3+
Ein Punkt. Kasparow hat die weißen Bastionen komplett zerstört.
23. Kf1
23. ... Dh3+
Ein Punkt.
24. Tg2
24. ... Sh4
Ein Punkt.
25. Tg1
Es sollte ausreichend einfach gewesen sein, bis zu diesem Punkt zu rechnen (zwei Extrapunkte, wenn Sie diese Position bei 20. ... Dh4+ vorhersahen), denn alle weißen Züge waren erzwungen. Nun müssen Sie entscheiden, wie man den Coup de grace ansetzt.
25. ... Tad8
Vier Punkte. Kasparow bringt den zweiten Turm zum Angriff, eindeutig

die beste Fortsetzung. Ein Fehler wäre 25. ... Sxg2; es gibt wirklich keinen Zwang, schon jetzt zur Kasse zu schreiten, wo es ein viel wirksamerer Plan ist, Weiß eingeschnürt zu lassen.

26. De1

26. ... Td3

Zwei Punkte. Verhindert die weiße "Drohung" 27. Dg3, was Damentausch erzwingt.

27. Df2

In dieser bemerkenswerten Stellung ist Weiß an Händen und Füßen gebunden.

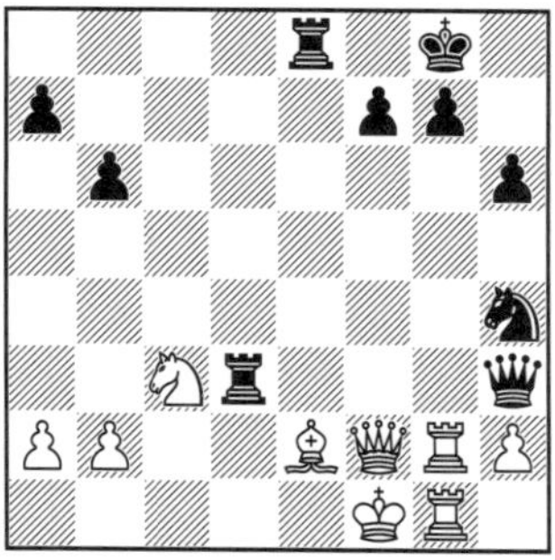

27. ... Sf3

Vier Punkte. Ein sauberer Weg, die Partie zu beenden. Weiß hat keinen vernünftigen Zug mehr; der Turm g2 ist gefesselt; der König hat keinen legalen Zug; 28. Lxf3 Txf3 kostet die Dame; 28. Lxd3 Sxh2 matt; und auf 28. Dg3 spielt Schwarz...?

28. ... Sd2+ (ein Punkt) 29. Ke1 Txg3 30. Txg3 Sf3+! 31. Kf2 Sxg1 mit entscheidendem Materialvorteil.

28. Th1

28. ... Tde3

Drei Punkte. Es drohte 29. Lxd3.

29. Tg1

29. ... Kh8

Ein Punkt. Ein vorsichtiger Zug, obwohl nicht strikt notwendig, da Txg7+ keine aktuelle Drohung war.

30. Th1

30. ... b5

Vier Punkte. Dies hätte auch im letzten Zug statt 29. ... Kh8 gespielt werden können; bessern Sie Ihre Bilanz auf, falls Sie das taten. Hier gab Weiß auf, weil es unmöglich ist, 31. ... b4 zu verhindern, was den Springer vertreibt (31. a3 a5), wonach 32. ... Txe2 gewinnt.

Um bei dieser Partie gut zu punkten, mußten Sie zwei spezielle Stärken haben: gute taktische Vorstellungskraft und die Fähigkeit, genau zu rechnen. Das erstere gewinnt man vor allem durch Erfahrung - vertraute Wegweiser erscheinen, die Ideen auslösen können. In dieser Partie z.B. würde ich sehen, daß mein Gegner die Rochade verschoben hat, und dann würde ich irgendeinen Weg suchen, wie ich seinen König im Zentrum festhalten könnte.

Andererseits kann das letztere (Rechenstärke) einfach dadurch praktiziert und verbessert werden, daß man die Prozesse kennt, die dabei ablaufen. In offenen Stellungen, so wie die in dieser Partie, ist es notwendig, einen großen Teil zu berechnen. (Was ich mit Berechnung meine, ist: "wenn ich X ziehe, muß er Y ziehen, dann habe ich die Wahl zwischen Q oder Z" usw.) Das Geheimnis guten Rechnens liegt nicht in der Tiefe der Analyse, sondern mehr in ihrer Relevanz, d.h. zu wissen, was man analysieren und wie weit man eine bestimmte Variante verfolgen muß. Das verlangt zwei Dinge: erstens, in einer gegebenen Stellung in Frage kommende Anfangszüge auszuwählen (in "Think like a Grandmaster", Batsford 1971 beschreibt Kotow diese als "Kandidatenzüge"); und zweitens die Fähigkeit, Stellungen exakt zu beurteilen. Z.B. mag Kasparow nach 19. f3 als erstes gesehen haben, daß 19. ... Sf4+ 20. Kf2 De7 21. La6 De3+ 22. Kf1 ihm gute Angriffschancen bot; dann könnte er zurück zur Anfangsstellung gegangen sein und erkannt haben, daß 19. ... Lxf3 sogar noch besser war als die erste Variante. Ich kann mir nicht vorstellen, daß seine anfänglichen Berechnungen sehr weit über 24. ... Sh4 hinausgingen; es wäre genug gewesen, diese Stellung vorauszusehen und zu erkennen, daß auf die eine oder andere Art Schwarz entscheidenden Vorteil hatte - schon allein materiell (Turm und zwei verbundene Bauern sollten gegen zwei Leichtfiguren gewinnen.)

Partie 7: Ein König im Exil

Nach der Farce seines Comeback-Wettkampfs in Belgrad im Herbst 1992 konnte ich mir nie vorstellen, jemals noch irgendwelche Sympathie für Bobby Fischer zu empfinden.

Da ist die Frage der Moral, ein Match zu spielen, das von Serbien organisiert wird, den Hauptverursachern eines schrecklichen Bürgerkriegs; und gesponsort von einem Mann mit weniger als gutem Ruf. Angeblich hat Jezdimir Vasiljevic, der Boß der JugoSkandic-Bankgesellschaft, die den phänomenalen Preisfond aufbrachte, sein Vermögen durch illegalen Waffenhandel gemacht. Zusätzlich zum anrüchigen Ruf des Matchs insgesamt nutzte Fischer die Gelegenheit, einige seiner eigenen abstoßenden politischen Ideen zum Ausdruck zu bringen, einschließlich seiner antisemitischen Anschauungen. Es gab noch etwas anderes. Hans Ree traf in dem glänzenden niederländischen Journal New in Chess den Nagel auf den Kopf, als er schrieb: "...ich empfinde etwas Gruseliges bei diesem Match. Eine Wiederholung von Reykjavik 1972. Es ist so terminiert, daß es exakt 20 Jahre nach dem Tag beginnt, als Spassky dort die letzte Partie aufgab."

Selbst die Offiziellen, die bei dem Match 1972 waren, wurden wieder eingeladen - zumindest die, die noch lebten. "Wie in alten Tagen, wo alles im Garten lieblich war."

Aber das jüngste Kapitel der Geschichte hat mich tatsächlich einige Sympathie für Fischer empfinden lassen, der mehr naiv und weltfremd zu sein scheint als irgendetwas anderes. Die JugoSkandic-Bank brach Anfang Februar 1993 zusammen, an welchem Punkt Vasiljevic sich schnell nach Israel absetzte. Es wird berichtet, daß er dort mit einem randvollen Koffer Geld ankam - und mit Fischers Paß in der Tasche. Man nahm an, daß Fischer nur die Hälfte seines Geldes bekommen habe, und daß er im Belgrader Intercontinental blieb im vergeblichen Warten auf Vasiljevic, damit der seine Rechnung begleichen sollte.

Was weiter aus Fischer wird, ist unklar. Mit Sicherheit ist er in den USA nicht mehr willkommen, wo ihm tatsächlich die Verhaftung droht wegen "Konspiration mit dem Feind"; ein obskures Gesetz, das noch aus der Zeit des Ersten Weltkriegs stammt, aber im Medienjargon als Unterlaufen von Sanktionen beschrieben werden könnte. Und ob sich ein anderer Organisator bereit findet, sich Fischers bizarre Forderungen gefallen zu lassen - oder wirklich für ihn einen so entgegenkommenden Gegner wie Spassky zu finden - ist zweifelhaft.

Diese Partie stammt aus der Zeit, wo Fischer auf der Höhe seiner Kraft stand. Sein Gegner ist Ulf Andersson aus Schweden, der zur Zeit dieser Partie gerade seine Karriere begann, aber später einer der stärksten Großmeister der Welt wurde.

Fischer - Andersson
Schaupartie, Siegen 1970
Nimzowitsch-Larsen-Angriff

1. b3 e5 2. Lb2 Sc6 3. c4 Sf6 4. e3 Le7 5. a3 0-0 6. Dc2 Te8 7. d3 Lf8 8. Sf3 a5 9. Le2 d5 10. cxd5 Sxd5 11. Sbd2 f6 12. 0-0 Le6

Versuchen Sie, von hier an alle Züge Fischers vorherzusagen.

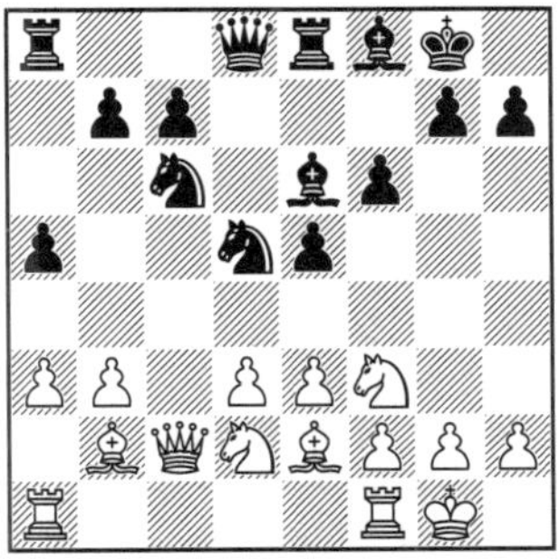

13. Kh1

Vier Punkte. Eine Eingebung. Wenn jemand von Ihnen diesen Zug fand, ist es ein kleines Wunder. Ein normaler Sterblicher mag hier 13. Tac1 spielen (drei Punkte); oder vielleicht 13. Se4 (drei Punkte), als Vorbereitung, den Springer auf c5 einzupflanzen. Sogar 13. d4 (zwei Punkte) war möglich, obwohl das Auflösen der Zentrumsspannung in so frühem Stadium nicht nach dem Geschmack Fischers wäre: 13. ... exd4 14. Sxd4 Sxd4 15. Lxd4 ist ein wenig farblos.

Fischer experimentierte mit 1. b3 bei einigen Anlässen 1970, wobei er ein paar beachtliche Skalps erbeutete, darunter Mecking und Tukmakow. Die meisten Partien gingen, wie diese, in einen farbvertauschten Sizilianer über - worin RJF natürlich gut zuhause war. Der Aufbau, den er hier angewandt hat, ist das, was wir heutzutage "Igel" nennen (siehe Partie 10, Vukic - Suba, wegen einer vollständigen Behandlung der Ideen dieses Systems). Obwohl jetzt alltäglich, war dieses System 1970 relativ neu; Fischer war einer von denen, die viel dazu taten, es populär zu machen, indem sie in Partien wie dieser demonstrierten, daß es auch ein großes Angriffspotential hat.

13. ... Dd7

14. Tg1

Drei Punkte. 13. Kh1 mußte für irgendetwas gut sein. Wenn Sie jedoch ein starker Charakter sind und Ihnen einfach der ganze Plan nicht gefiel, gebe ich Ihnen zwei Punkte für 14. Kg1!, was Fischers Schritt zurücknimmt. Die weiße Position ist stark genug, um ein wenig Hin und Her auszuhalten.

14. ... Tad8

15. Se4

Zwei Punkte. Dies ist ein Schlüsselfeld in dieser Eröffnung. Wie oben erwähnt, mag der Springer nach c5 streben, oder am Königsflügel etwas im Schild führen. Schwarz kann nicht mit 15. ... f5 vom Leder ziehen: 16. Seg5 oder 16. Sc5 schnappt sich einen der Läufer.

Ein Punkt für etwas Normales wie 15. Tac1.

15. ... Df7

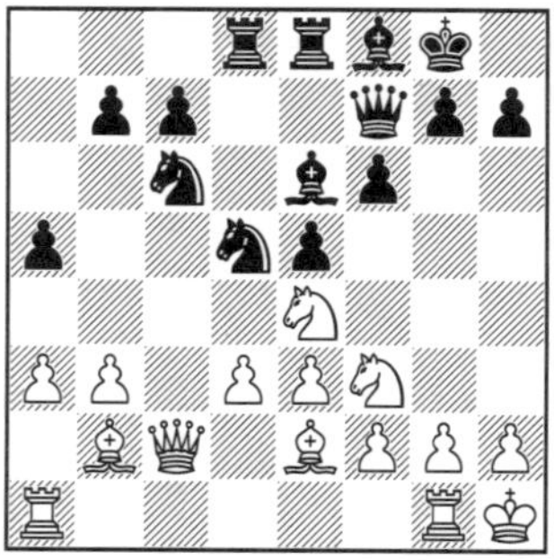

16. g4!

Vier Punkte. Wenn Sie erkannt haben, daß dies von Anfang an die große Idee war, buchen Sie einen Zusatzpunkt. Es sieht frevelhaft aus, einen Bauern vor dem König aufzuziehen; aber hier kann Weiß dies ohne Schaden tun, weil er genug Figuren um seinen König herum hat und eine exzellente Zentralstruktur (f2, e3, d3), die alle lästigen Drohungen verhindert. Genausogut wie er das Vorspiel zu einem Königsangriff ist, macht der Bauernzug nach g4 auch positionell gesunden Sinn: er sichert den Vorposten für den Springer auf e4.

Natürlich erlaubte erst der Wegzug der Dame von d7 diesen Aufmarsch. Hätte Schwarz einen Zug lang "gepaßt", hätte Weiß g4 mit h3 vorbereiten müssen. Wenn Sie im vorigen Zug 15. h3 mit der Idee g4 spielen wollten, statt 15. Se4, bekommen Sie zwei Punkte.

16. ... g6

Hätte Schwarz dies nicht gespielt, wäre Weiß imstande gewesen, geradewegs eine Linie am Königsflügel zu öffnen, z.B. 16. ... Kh8?! 17. g5! f5 18. g6! hxg6 19. Seg5 Df6 20. Sxe6 Dxe6

21. Sg5 Df6 22. Dc4! mit tödlichem Angriff. Zwei Extrapunkte, wenn Sie diese Idee getroffen haben.

17. Tg3

Zwei Punkte.

17. ... Lg7

18. Tag1

Zwei Punkte. Nachdem g4 einmal gespielt wurde, ist klar, wo die Zukunft für Weiß liegt, also nichts für Alternativen zu den zwei letzten Zügen. Obwohl es im Moment unmöglich ist, die g-Linie zu öffnen, wird dieser Tag kommen.

18. ... Sb6

19. Sc5

Ein Punkt. Der natürlichste Weg, den b-Bauern zu decken.

19. ... Lc8

20. Sh4

Drei Punkte. Ein starkes Manöver. Weiß muß Geduld haben, um weiteren Boden am Königsflügel zu gewinnen. 20. g5, was eine Linie zu öffnen versucht, würde solid beantwortet mit 20. ... f5; während ein Vorgehen des h-Bauern nicht viel einbringt - wenn er nach h5 kommt, schließt Schwarz einfach mit g5 die Stellung ab.

20. ... Sd7

21. Se4!

Zwei Punkte. Figurentausch erleichtert nur die verkrampfte schwarze Stellung.

21. ... Sf8

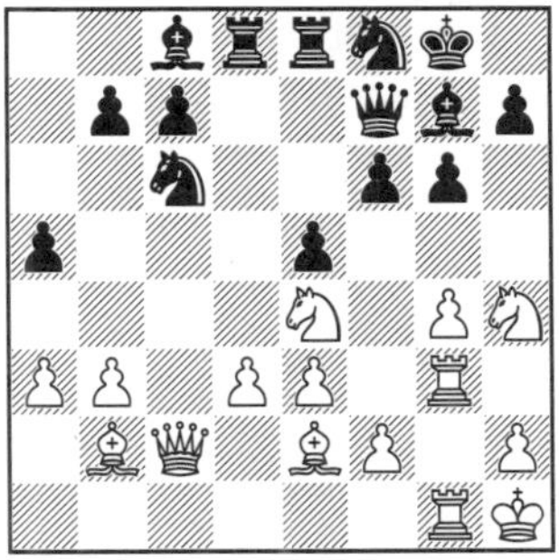

22. Sf5!

Caramba. Vier Punkte. Auf der g-Linie gibt es ein Desaster, wenn Schwarz die Figur nimmt. Schlagen mit dem Läufer ist genauso armselig: 22. ... Lxf5 23. gxf5 g5 24. Sxg5! ist nicht übel (unter anderem).

22. ... Le6

23. Sc5

Ein Punkt. Erneut der beste Weg, den b-Bauern zu decken, und zugleich ein Gegenangriff.

23. ... Se7

24. Sxg7

Zwei Punkte, und nichts für andere Züge. Diese Figur zu beseitigen ist strategisch sehr wichtig: Der Schatten des weißen Läufers auf b2 senkt sich nun über den schwarzen Königsflügel - er hat keinen Gegner.

24. ... Kxg7

25. g5!

Vier Punkte. Öffnet die lange Diagonale für den Läufer wie auch die g-Linie für die Türme. Dies ist der entscheidende Durchbruch.

25. ... Sf5

26. Tf3

Zwei Punkte. Der lästigste Zug. 26.

gxf6+ ist auch gut (aber nur einen Punkt wert). Es macht keinen Sinn, die Spannung zu lösen, wenn es nicht nötig ist. Nach 26. Tf3 wird Schwarz zerrissen, wenn er auf g5 nimmt: 26. ... fxg5 27. Lxe5+ Kg8 und nun sind 28. Se4 oder 28. e4 beide gut.

26. ... b6

27. gxf6+

Zwei Punkte. Wie für ihn typisch, wählt Fischer den klarsten Weg, seinen Angriff zu verfolgen. Nur einen Punkt für 27. Se4.

27. ... Kh8

28. Sxe6

Ein Punkt.

28. ... Txe6

29. d4!

Zwei Punkte. Nochmals zwei extra, wenn Sie, wie Fischer es offensichtlich tat, diese Stellung schon bei 27. gxf6+ im Sinn hatten.

29. ... exd4

30. Lc4

Ein Punkt. Die Läufer sind tödlich.

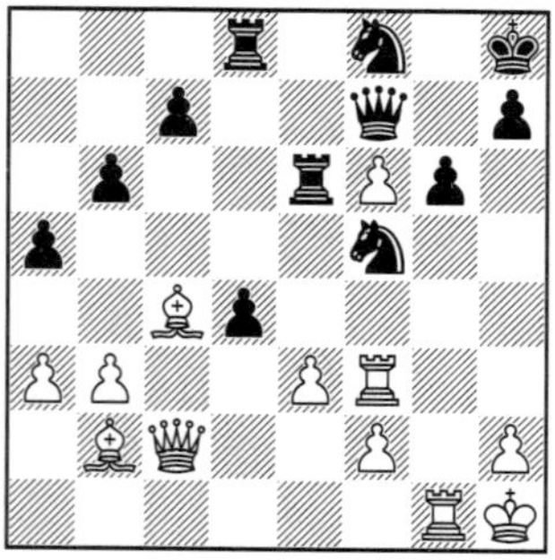

30. ... d3

Schwarz ist verloren, was immer er tut, aber nach diesem Zug braucht Weiß keine schwierigen Entscheidungen mehr zu treffen. 30. ... c5 wäre zumindest der Versuch, einen Läufer auszusperren, und baut einen potentiellen Trick auf der langen Diagonalen mit Db7 auf. Was würden Sie nun ziehen? Die klarste Fortsetzung ist 31. Txf5! (viel stärker als die Qualität zu nehmen, was Schwarz erlaubt, eine Art von Verteidigung aufzubauen) 31. ... gxf5 32. Dxf5. Die unmittelbare Drohung ist Tg7. Schwarz kann nicht auf f6 nehmen wegen Matt auf g8; und 32. ... Db7+ wird einfach mit 33. f3 beantwortet. Zwei Punkte, wenn Sie dieses entscheidende Opfer gesehen haben.

31. Lxd3

Ein Punkt. Wieder das einfachste.

31. ... Txd3

32. Dxd3

Ein Punkt.

32. ... Td6

33. Dc4

Ein Punkt, ebenso einer für 33. De4.

33. ... Se6

34. Le5

Ein Punkt. Schade. Kassieren Sie sechs Punkte und erwarten Sie einen Regen goldener Münzen auf Ihr Brett, wenn Sie 34. Txf5!! gxf5 35. Tg7 Df8 36. Dxe6!! Txe6 37. f7 Dxg7 38. f8D bemerkt haben. Ich vermute, weil die Stellung so einfach gewonnen war, hatte sich Fischer ein wenig ausgeruht.

34. ... Td8

35. h4

Ein Punkt. Dies setzt den Königsangriff in recht mechanischer Weise fort.

35. Txf5 (drei Punkte) ist noch immer nicht übel: 35. ... gxf5 36. Tg7 Dh5, drohend Df3+, scheitert an dem ruhigen 37. Kg2! und es gibt keine Verteidigung gegen den Mattangriff.

35. ... Sd6

36. Dg4

Ein Punkt. Die Dame gehört auf den Königsflügel. Auch für 36. Lxd6 einen Punkt.

36. ... Sf8

37. h5

Ein Punkt. Konsequent. Der Königsflügel wird langsam, aber sicher aufgebrochen.

37. ... Se8

38. e4

Ein Punkt. In Fischers Partien muß man gewöhnlich nicht 38 Züge warten, bis dies gespielt wird. Die lange Diagonale gegen den König zu schließen ist vernünftig.

38. ... Td2

39. Th3

Zwei Punkte. Nach geschehenem e4 ist dies nun möglich.

39. ... Kg8

40. hxg6

Ein Punkt.

40. ... Sxg6

41. f4

Ein Punkt. Am kraftvollsten; es droht f5.

41. ... Kf8

42. Dg5

Ein Punkt. Es droht Dh6+ und f5.

42. ... Sd6

43. Lxd6+

Ein Punkt. Und hier entschied Andersson, daß er genug hatte. **Schwarz gab auf**. Nach solch einem faszinierenden und gut vorgetragenen Mittelspiel ist es ein Jammer, daß der Schluß nach höchsten Maßstäben ein wenig glanzlos war.

Ich weiß nicht, ob Fischers Plan mit Kh1, Tg1 und g4 seine eigene Erfindung war; er hatte dies tatsächlich vier Jahre zuvor schon einmal gespielt - mit Schwarz:

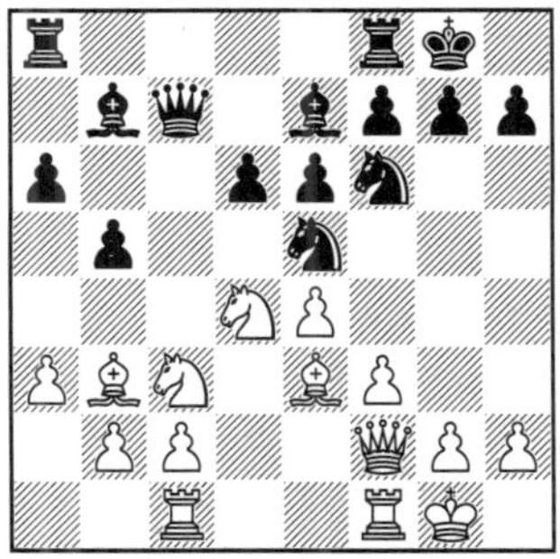

Soruco - Fischer
Olympiade Havanna 1966

14. ... Kh8 15. Sce2 Tg8 16. Kh1 g5 17. h3 Tg6 18. Sg3 Tag8

Diese Stellung könnte sogar noch besser sein als in der Partie gegen Andersson: es ist viel leichter, Linien am Königsflügel mit h5 und g4 zu öffnen, nachdem Weiß h3 gespielt hat. Die Partie kam in Wirklichkeit zu einem abrupten Schluß, bevor der Angriff ins Rollen gebracht wurde: 19. Sxe6? fxe6 20. Lxe6 Sxe4 21. Sxe4 Txe6 0:1.

Ob der Plan Fischers Original war oder

nicht, mag wirklich die Frage sein. Fischer war sicherlich einer der ersten, der die Bedeutung dieser Idee verstand und sie im Schach auf höchster Ebene anwandte.

Partie 8: Eine Frage der Technik

Wenn zwei annähernd gleichwertige Spieler aufeinandertreffen, wird es gewöhnlich für einen von ihnen notwendig sein, die Stellung aus dem Gleichgewicht zu bringen, um auf Gewinn zu spielen. Gelegentlich aber kann man genug Glück haben, um schon früh in der Partie einen Vorteil zu erhalten, der bei akkuratem Spiel ausreicht, um den Gewinn zu erzwingen; die Partie wird zur trockenen "Sache der Technik". Das mag der Gewinn eines Bauern sein; der Besitz einer offenen Linie; oder die Beherrschung einer Diagonale.

In dieser Partie findet sich Jonathan Speelman direkt in der Eröffnung mit der überlegenen Bauernstruktur und dem Läuferpaar. Da die Stellung relativ einfach ist, sollte es ihm möglich sein zu gewinnen, ohne sich auf große Verwicklungen einzulassen. Die Partie wurde 1992 im alljährlichen Lloyds Bank Open gespielt, das Speelman in der Folge gewann. Sein Gegner ist Ilya Gurevich aus den USA - der, wie ich hinzufügen sollte, normalerweise viel besser spielt als hier.

I.Gurevich - Speelman
London (Lloyds Bank) 1992
Caro-Kann-Verteidigung

1. e4 c6 2. c4 d5 3. exd5 cxd5 4. cxd5 Sf6 5. Lb5+ Sbd7 6. Sc3 a6 7. Da4 Tb8 8. Lxd7+ Dxd7 9. Db3

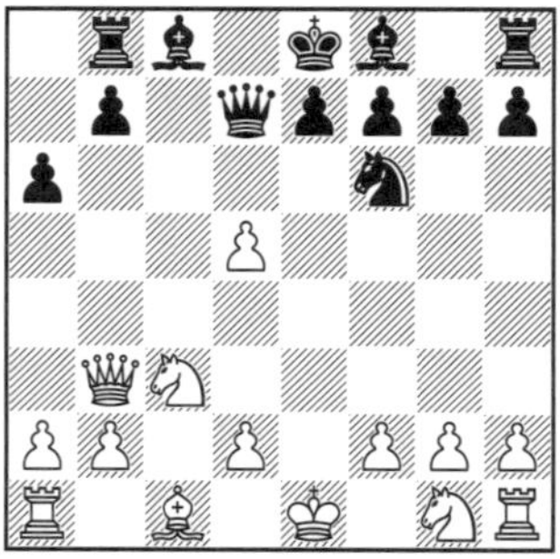

Beginnen Sie nun mit der Vorhersage der schwarzen Züge.

9. ... b5

Vier Punkte. Am besten versucht Schwarz den Bauern sofort zurückzuholen. 9. ... g6 (ein Punkt) war auch möglich, um die Entwicklung des Königsflügels vorzubereiten, aber das könnte sich als etwas langsam erweisen: 10. d4 Lg7 11. Lf4! und Weiß gewinnt wertvolle Zeit.

10. Sge2

10. ... Lb7

Drei Punkte. Das einfachste: der von der Dame blockierte Läufer nimmt seine stärkste Stellung ein - auf der langen Diagonale, und Schwarz ist bereit, auf d5 zu nehmen. 10. ... b4 (null Punkte) sieht auch gut aus, aber im Moment ist das keine echte Drohung für den Springer wegen Dxb8.

11. Sf4

11. ... g5

Sechs Punkte. Es sieht bizarr aus, den Bauern derart nach vorn zu werfen, weg von seinen Kameraden, aber da Weiß so unterentwickelt ist, kann er das nicht ausnutzen.

Den Bauern mit 11. ... Td8 zurückzuerobern sieht plump aus; es wird die Aufgabe des Läuferpaars mit sich bringen, und dieses kann, wie wir sehen werden, ein gewinnbringender Aktivposten sein.

12. Sfe2

12. ... Sxd5

Ein Punkt. Wenn Sie meine Kommentare zum vorherigen Zug ignoriert und mit dem Läufer genommen haben - 12. ... Lxd5 -, dann zwei Punkte Abzug. Schwarz würde danach immer noch einigen Vorteil behalten, aber beträchtlich weniger als in der Partie.

13. Sxd5

Trickreich.

13. ... Dxd5

Zwei Punkte. Speelman wäre recht froh, in ein Endspiel gehen zu können; seine weitreichenden Läufer und überlegene Bauernstruktur (der weiße d-Bauer ist isoliert) geben ihm eine technische Gewinnstellung. Weiß hoffte auf 13. ... Lxd5? 14. Dg3 mit Doppelangriff auf den Bauern g5 und den Turm b8.

14. Dg3

Vermeidet das Endspiel, aber beläßt Dame und Läufer von Schwarz als mächtige Batterie, die genau dahin zielt, wohin der weiße König gleich rochieren wird.

14. ... Td8

Zwei Punkte. Vorzuziehen gegenüber 14. ... Tc8 (ein Punkt): man fühlt, daß es richtig ist, sich gegen den isolierten d-Bauern zu wenden.

15. 0-0

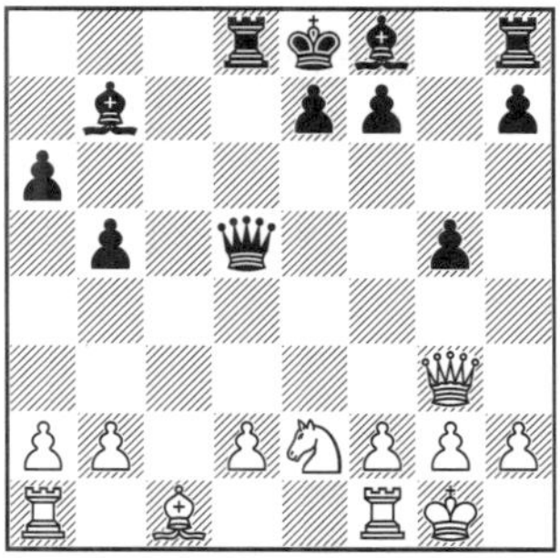

15. ... h5

Sechs Punkte. Dies sieht exotisch aus, aber hält Weiß in der Defensive und sichert Schwarz weiter die Kontrolle. Die Drohung ist h5-h4-h3, was die h-Linie wie auch die lange Diagonale aufreißt.

Auf den ersten Blick ist der natürlichste Zug in der Stellung 15. ... Lg7, was den Läufer auf die lange Diagonale entwickelt und die Rochade vorbereitet. Es wäre bestimmt gut, wäre der Bauer auf g6 statt g5; aber hier könnte Weiß spielen: 16. d4! h6 (um den g-Bauern zu schützen) 17. Le3 0-0 18. f4! und plötzlich gerät der schwarze König ins Feuer. Trotzdem zwei Punkte für 15. ... Lg7 (es ist nicht nötig für Schwarz, so entgegenkommend zu sein wie in der letzten Variante).

16. h3

16. ... h4

Ein Punkt.

17. Dg4

Die Dame muß g2 gedeckt halten.

17. ... b4

Zwei Punkte. Engt Weiß weiter ein - und ist ganz in Speelmans Stil. Dieser Bauernzug stellt sicher, daß die schwarze Dame nie durch Sc3 angegriffen wird, und damit wird die Mattdrohung aufrechterhalten.

17. ... f5 gewinnt nicht: 18. Dxg5 Tg8 19. Dh5+ Kd7 20. f3 gebietet den unmittelbaren Drohungen Einhalt.

18. d4

18. ... f6

Ein Punkt. Ein solider Zug, der alles gedeckt hält, aber 18. ... e6 (drei Punkte) könnte wohl einen Zug gegenüber der Partie gewinnen. Weiß kann auf g5 weder mit Dame noch Läufer nehmen: 19. Dxg5? Dxg5 20. Lxg5 Tg8! 21. Lxd8 Txg2+ 22. Kh1 Txf2+ 23. Kg1 Tg2+ 24. Kh1 Txe2+ etc. (ich denke, dieses Bild kennen Sie) oder 19. Lxg5 Tg8 20. f4 f6 mit Figurgewinn.

19. f3

19. ... e6

Zwei Punkte. Es ist Zeit, daß der Läufer herauskommt.

20. Ld2

20. ... Le7

Zwei Punkte. Mit der tödlichen Drohung 20. ... f5 und Damengewinn. Die weiße Antwort ist erzwungen.

21. f4

21. ... f5

Ein Punkt. Definitiv keine Punkte für 21. ... gxf4 22. Sxf4! Dxd4+ 23. Kh1 und der weiße Angriff ist gefährlicher als der schwarze, z.B. 23. ... Dxd2 24. Dg6+ Kd7 25. Tad1 und gewinnt.

22. Df3

22. ... g4!

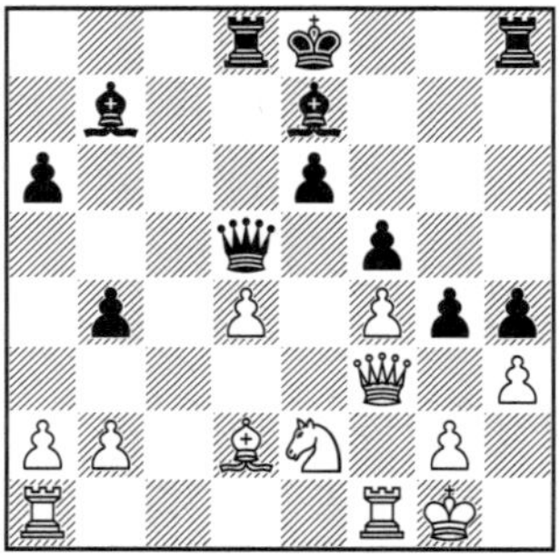

Vier Punkte. Stärker als 22. ... Dxf3 23. gxf3 gxf4 24. Lxf4, was den weißen Leichtfiguren einige Beweglichkeit gestattet. Indem er den Bauern f4 stehenläßt, stellt Schwarz sicher, daß Springer und Läufer dauerhaft blockiert bleiben.

23. Dxd5

23. ... Lxd5

Ein Punkt. Wenn Sie mit dem Bauern genommen und den Stolz der schwarzen Stellung, den Läufer b7, eingesperrt haben, bleibt mir nur die Verzweiflung (ich überlasse es Ihrem Gutdünken, wie viel Punkte Sie abziehen).

24. Tfc1

Hätte Weiß stattdessen auf g4 genommen (24. hxg4), wie hätten Sie fortgesetzt?

Eine Schlüsselfrage, wenn es je eine gab. Das einfache 24. ... fxg4 gibt Weiß einige Freiheit nach 25. f5!, was Springer und Läufer via f4 ins Spiel läßt. 24. ... h3! (drei Punkte) ist viel stärker: es stimmt, daß nach 25. gxh3 Txh3 26. g5 kein direkter Gewinn zu sehen ist, aber wenn einmal der andere Turm ins Spiel kommt, wird der weiße König zu Hackfleisch gemacht. Deshalb spielt Schwarz 26. ... Kd7! nebst Th8!. Beachten Sie wiederum, daß Läufer und Springer keine vernünftigen Felder finden, wenn der weiße Bauer auf f4 bleibt.

24. ... gxh3

Ein Punkt.

25. gxh3

25. ... Tg8+

Drei Punkte.

26. Kf2

26. ... Tg2+

Zwei Punkte. Es gibt bestimmte Figurenpaare, die sich sehr gut ergänzen: Dame und Springer können eine tödliche Angriffsmacht sein; König und Springer passen gut in der Verteidigung zusammen; und im Endspiel, wie die letzten paar Züge demonstriert haben, sind Turm und Läufer ein machtvolles Team.

Ich habe Endspiele mit Turm und Läufer gegen Turm und Springer gespielt, wo es mir gelang, obwohl ich eine Handvoll Bauern weniger hatte, Remis zu machen oder gelegentlich gar zu gewinnen. Natürlich hängt das von vielen Faktoren ab - ob der Läufer angemessen unterstützt wird, Königsstellung, Freibauern etc. - aber es ist doch etwas, was man im Gedächtnis behalten sollte.

Buchen Sie eine Anzahl Extrapunkte, wenn Sie den Einbruch des Turms in die weiße Stellung beim Nehmen auf h3 voraussahen.

27. Ke3

27. ... Th2

Zwei Punkte. Legt Weiß noch mehr lahm.

28. Sg1

28. ... Kd7

Drei Punkte. Sehr einfach. Dem weißen Turm wird nicht erlaubt, in die Stellung hineinzukommen...

29. Le1

29. ... Tg8

...und der andere Turm wird ins Spiel gebracht. Ein Punkt.

30. Lf2

30. ... Tgg2

Zwei Punkte.

31. Tc2

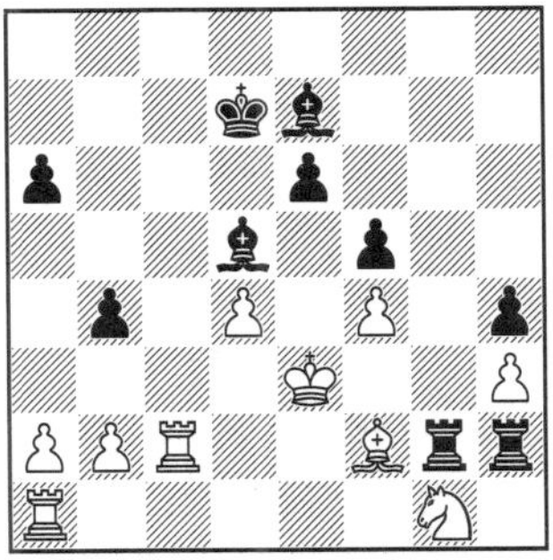

Eine erbärmliche Stellung für Weiß: er ist an Händen und Füßen gebunden; und doch braucht Schwarz noch einen Durchbruch. Wie?

31. ... e5

Sechs Punkte. Ein schöner Zug, der den schwarzfeldrigen Läufer mit entschei-

dender Wirkung ins Spiel eingreifen läßt. Falls 32. dxe5 Txf2! 33. Txf2 Lc5+ und gewinnt; oder 32. fxe5 Lg5+ und Txf2.
Es gab einen anderen Weg durchzubrechen: 31. ... Ld6 (drei Punkte), drohend Bauerngewinn mit 32. ... Lxf4+, ist prosaischer, aber nicht weniger wirksam. Falls 32. Tf1, dann steckt 32. ... Lxa2 einen Bauern ein.

32. Tf1

32. ... exf4+

Zwei Punkte. Wenn die Stellung einmal geöffnet wird, kann Weiß Materialverlust nicht vermeiden.

33. Kxf4

33. ... Le4

Ein Punkt.

34. Te2

34. ... Lg5+

Zwei Punkte dafür genauso wie für das direkte 34. ... Ld3. Hier **gab Weiß auf**, weil Schwarz nach 35. Ke5 Ld3 mindestens einen Turm gewinnt. Ein exzellenter technischer Vortrag von Speelman, der Gurevich nicht das kleinste Stückchen Gegenspiel gab.

Partie 9: Kontra

“Stellen Sie sich vor, Sie sitzen vor dem neuesten Multi-Prozessor-Computer, der imstande ist, bis zu einer Tiefe von 60 Halbzügen zu analysieren; versuchen Sie seine Züge zu erraten...”
Ist es möglich, daß ich in Zukunft einen Artikel mit solch einem Satz beginnen werde? Möglich sicher, aber, wie ich meine, unwahrscheinlich.
Für mich ist einer der interessantesten Aspekte im Schach, wie Menschen ihrer Persönlichkeit durch ihr Spiel Ausdruck geben. Jeder Spieler, gleich welcher Stärke, hat seinen eigenen Stil, eigene Marotten und Neigungen. In Ihrem Klub kennen Sie bestimmt einen Typ, der gern Material grapscht, sich dann hinter die Barrikaden zurückzieht und darauf wartet, im 93. Zug das Endspiel zu gewinnen - und der ausnahmslos für das Finanzamt arbeitet; oder den Burschen mit dem unausstehlichen Sinn für Humor, der wirklich jede Partie mit 1. b4 eröffnet. Und das ist eine tolle Sache. Die Vielgestaltigkeit macht das Leben interessant.
Wenn Spieler mit gegensätzlichem Stil und etwa gleichem Können aufeinandertreffen, kann sich der Schachkampf zur Höhe der großen Kunst erheben. Meine Lieblings-WM-Kämpfe waren die Begegnungen Tal - Botwinnik 1960 und 1961. Botwinnik, wissenschaftlich, solide, rational, suchte den Esprit, das Feuer und die urwüchsige Kraft Tals im Zaum zu halten. Wundervolle Partien.
Wenn Computer keine Persönlichkeit haben, wird sich jemand ernsthaft für ihre Partien interessieren? Ich habe gehört, daß nun eine Maschine existiert, die programmiert ist, “im Stil von” Aljechin, Capablanca oder einigen anderen Meistern der Vergangenheit zu spielen, auf Knopfdruck. Ich finde das genauso reizlos wie den vergebli-

chen Versuch eines Synthesisers, den Klang eines Symphonieorchesters zu erzeugen.

Sie mögen sich wohl fragen, was mich dazu gebracht hat, meinem Ärger über die Silikonmonster Luft zu machen. Nun, im April 1992 machte ich eine ziemlich entnervende Erfahrung beim Schnellturnier in Neu Isenburg. Als ich die Paarungen des ersten Tages betrachtete, stieß ich auf einen anderen "King". Nähere Prüfung ergab, daß dies in Wirklichkeit ein Computer war, mit dem Namen "King 1.0". Was für ein Skandal: meinen Namen ohne Erlaubnis zu benutzen.

Das war wirklich zu viel. Ich kümmerte mich nicht mehr darum, das Turnier zu gewinnen oder meine kostbaren ELO-Punkte zu behalten (nicht viel!) - ich war nur darauf aus, vor dieser Rechenmaschine zu landen. Die Familienehre stand auf dem Spiel.

Zum Schluß mußte ich das Turnier in höchster Eile verlassen - nach meiner Vorstellung dort sah dieser eilige Rückzug auch wie eine gute Idee aus -, und so weiß ich nicht, wo das Ding am Ende landete; ich konnte es seitdem auch nicht herausfinden. Was ich weiß, ist, daß es mir ein wenig zu nahe kam, um mich wohlzufühlen...

In neuer Zeit gab es eine Reihe von Turnieren "Mensch gegen Maschine", und obwohl die Stärke der Computer dramatisch wächst, haben sie noch einen Weg vor sich, bis sie auf höchstem Niveau im Schach mitmischen können. In Anbetracht der Menge Zeit, die in die Entwicklung eines Computers investiert wurde, der den stärksten menschlichen Spieler schlagen kann - und daß dies bis jetzt scheiterte - ist mein Glaube an die Reichhaltigkeit und Komplexität des Schachs tatsächlich nur stärker geworden.

Die folgende Partie stammt aus solch einer Veranstaltung. Es macht mir größtes Vergnügen, den deutschen Großmeister Eric Lobron in der Rolle des "Kontra" zu präsentieren, der "Deep Thought 2" zu Eisenspänen verarbeitet.

Lobron - Deep Thought 2
IBM Cup, Hannover 1991
Reti-Eröffnung

1. Sf3 d5 2. g3 c6 3. Lg2 Lg4 4. c4 e6 5. b3 dxc4 6. bxc4 Sd7 7. Lb2 Db6 8. Dc2 Sgf6 9. 0-0 Ld6 10. d3 0-0

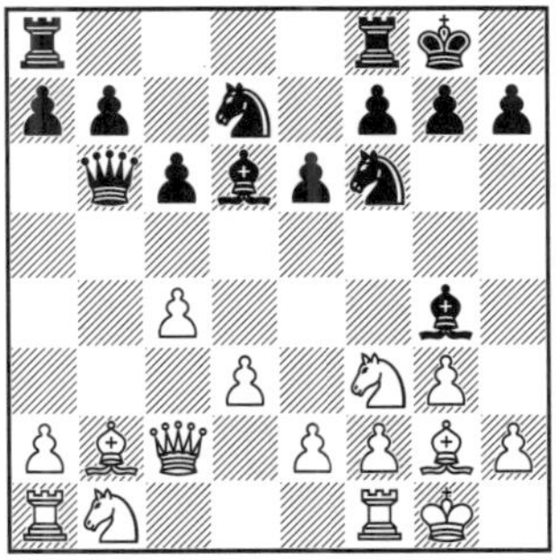

Beginnen Sie nun die menschlichen Züge vorauszusagen.

11. Sbd2

Fünf Punkte. Bevor man sich auf einen Plan festlegt, ist es am besten, alle Figuren zu entwickeln. Nur einen Punkt für 11. Sc3, was nicht ganz so harmonisch aussieht: es ist besser, die Läuferdiagonale freizuhalten.

11. ... e5

12. Tab1

Drei Punkte. Man kann daran nichts aussetzen. Weiß postiert einen Turm auf der offenen Linie und gewinnt zugleich ein Tempo, indem er einen Abzugsangriff auf die Dame droht.

12. ... Da6

Dies ist der zweite ernste strategische Fehler, den Schwarz in der Partie gemacht hat. Der erste war im 5.Zug (5. ... dxc4? gibt freiwillig das Zentrum auf); und nun das. Ließ sich die Maschine von diesem abgelegenen a-Bauern verleiten? Wer weiß, und wen kümmert es. Das Resultat ist, daß die Dame dank Lobrons sorgfältigem Spiel für den Rest der Partie auf dem Abstellgleis bleibt. 12. ... Dc7 war der natürliche Zug.

13. h3

Drei Punkte. Es schadet nichts, den Läufer zu befragen.

13. ... Le6

14. Sg5

Fünf Punkte. Nun, da Weiß seine Entwicklung beendet hat und die schwarze Dame so passend in der Ecke festsitzt, ist die Zeit gekommen, die Initiative zu ergreifen. 14. d4 (drei Punkte) war auch eine gute Idee: 14. ... exd4 15. Sxd4 Tfe8 16. f4!, was f5 droht und e4 vorbereitet, ist in der Tat sehr gefährlich. Beachten Sie, wie stark eine Bauernmehrheit im Zentrum werden kann (5. ... dxc4?).

14. ... Lf5

15. Lc3

Drei Punkte. Öffnet die Linie für den Turm. Ebenso drei Punkte für 15. La1, und dasselbe, falls Sie eins von beiden im 13. oder 14. Zug gespielt hatten. Es ist verlockend, im Zentrum vorzupreschen mit 15. e4 Lg6 16. f4, aber wenn Schwarz achtsam reagiert, wird er gut stehen: 16. ... h6! 17. Sf3 exf4 18. e5 Lc5+ 19. Kh1 Sh5!. Der weiße Zentralvorstoß ist aufgehalten und Schwarz hat einen Bauern auf der Haben-Seite.

15. ... Sc5

Es wäre wahrscheinlich besser gewesen, 15. ... h6 16. Sge4 Sxe4 17. Sxe4 Lc7 (17. ... Le7 18. Db2! mit Angriff auf b7 und e5) zu spielen, obwohl Weiß mit seiner feinen Bauernstruktur, Druck auf der offenen Linie und mit dem schön postierten Springer alle positionellen Trümpfe hält.

16. e4

Fünf Punkte. Jetzt kommen wir.

16. ... Lg6

17. f4

Fünf Punkte. Die einzig konsequente Folge.

17. ... exf4

18. gxf4

Ein Punkt.

18. ... Sa4

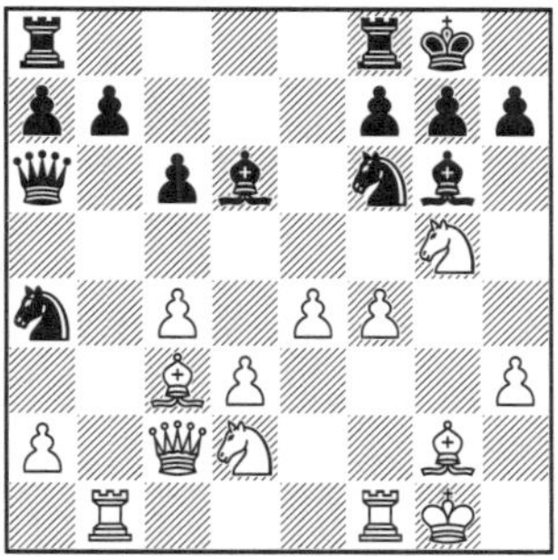

19. La1

Vier Punkte. Ein guter Zug: nun hat Schwarz zwei am Brettrand gestrandete Figuren. Wenn Sie jedoch voll Gier wären, eine Figur mit 19. f5 zu gewinnen, dann muß ich Ihnen leider dieselbe Anzahl von Punkten (vier) zusprechen. Es scheint eine recht simple Sache: 19. f5 Sxc3 20. Dxc3 Lh5 21. e5, und 21. ... Lc5+ trifft natürlich auf 22. d4. In der Tat kann Schwarz die Figur gerade noch retten mit 21. ... Le7, aber die Stellung der Maschine bleibt wahrhaft erbärmlich nach 22. d4.

19. e5 (drei Punkte) war auch recht gut: 19. ... Lc5+ 20. Kh2 Sd7 21. f5. Die Bauern reißen alles vor sich nieder.

19. ... Sd7

Nicht die Fortsetzung, die die meisten Probleme stellt. Was wäre Ihre Antwort auf 19. ... h6 gewesen?

Es ist wichtig, den Angriff in Gang zu halten mit 20. f5! hxg5 21. e5! (21. fxg6 Lf4! ist immer noch gut für Weiß, aber nicht völlig klar) 21. ... Lh5 22. exf6 gxf6 23. Se4 oder 21. ... Lxe5 22. Lxe5 Lh5 23. Lxf6! gxf6 24. Se4 Kg7 25. Tb4! b5 26. cxb5 cxb5 27. Sg3!, was den Läufer ebenso wie den Turm a8 angreift, ist eine klare Variante. Wenn Ihre Absicht 20. f5 war, zwei Extrapunkte für Sie, und ein weiterer obendrein, falls Sie 21. e5 sahen.

20. e5

Drei Punkte. Das Geradlinigste. Nur ein Punkt für 20. f5 Lh5.

20. ... Lc5+

21. Kh2

Ein Punkt. Dasselbe für 21. Kh1.

21. ... Le3

22. Sge4

Drei Punkte. Erneut der klarste Weg. Weiß setzt seinen Plan fort, die Zentralbauern vorzuschieben. Die Drohung ist f5.

22. ... Lxd2

23. Sxd2

Ein Punkt, und auch einer für 23. Dxd2. Schwarz wäre praktisch gezwungen, 23. ... Lxe4 24. Lxe4 zu spielen, was nicht allzu fröhlich stimmt.

23. ... Lf5

24. Le4

Drei Punkte. Folgerichtige Strategie. Der Blockeur des f-Bauern und ein weiterer Verteidiger aus der Umgebung des schwarzen Königs wird entfernt.

24. ... Lxe4

25. Sxe4

Ein Punkt.

25. ... Sac5

26. Sd6

Drei Punkte. Jetzt gewinnt alles. 26. Sxc5 Sxc5 27. d4 bricht Schwarz auch sämtliche Knochen (drei Punkte).

26. ... b6

27. Tg1

Zwei Punkte. Gleiche Gutschrift für 27. d4 und 27. f5.

27. ... g6

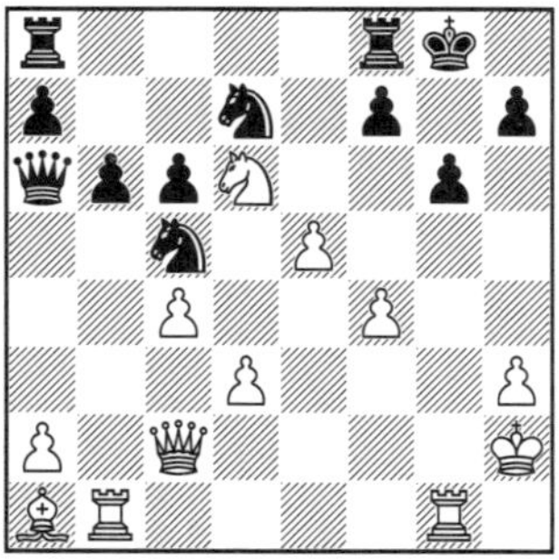

28. f5

Vier Punkte. Es ist wirklich nicht nötig, sich mit etwas anderem abzugeben; ein direkter Angriff auf den König muß klar zum Erfolg führen.

28. ... Sb7

29. Se4

Drei Punkte. Läßt die schwarzen Figuren verpackt und strebt nach dem Königsflügel.

29. ... Da3

30. Dd2

Drei Punkte. Der entscheidende Schwenk zum Königsflügel. Dies war auch im vorherigen Zug gut (genauso drei Punkte).

30. ... Sbc5

31. Dh6

Zwei Punkte. Der Todesstoß. Es erfordert nicht viel Berechnung, um zu sehen, daß Matt unvermeidlich ist - auf ungefähr drei verschiedene Arten.

31. ... Dxa2+

32. Tg2

Zwei Punkte. Ebenfalls zwei für 32. Tb2, aber nur einen für 32. Kh1 und 32. Lb2. Die Turmzüge sind zwingender, da die Dame angegriffen ist.

Und hier **gab Schwarz auf** (oder der Bediener ergriff diese dezente Maßnahme), denn nach 32. ... Dxb1 kann Weiß wählen zwischen 33. Sg5 oder 33. f6 nebst Matt.

Der niederländische Großmeister Jan Hein Donner sagte einmal auf seine alten Tage, wenn er gegen einen Computer spielen müßte, nähme er einen Hammer mit. Nach dieser Partie zu urteilen, brauchen wir nicht zu so drastischen Maßnahmen zu greifen...noch nicht.

Partie 10: Der Igel

Den größten Fortschritt im Schachdenken der letzten 20 Jahre bildete die Einführung und Entwicklung des Igel-Systems. Anatoli Karpow und Ulf Andersson waren die Pioniere, die es benutzten, um in den frühen 1970er Jahren ihre ersten Turniererfolge zu sammeln. Sie erlaubten ihren Gegnern, ein scheinbar dominierendes Zentrum zu bilden, und begnügten sich damit, hinter einer Barrikade von Bauern auf ihre Stunde zu warten. Das System wurde als “Igel” bekannt, weil die Bauern eng beieinander auf der sechsten Reihe den dichten Stacheln dieses Tiers ähnlich betrachtet wurden: sie bringen einem Angreifer, der zu nahe kommt, eine unangenehme Überraschung.

Und das ist genau das, was in vielen Partien passiert. Überzeugt, daß dieses breite Zentrum ihnen Vorteil gibt, fühlen sich viele Spieler gedrängt, vorwärtszustürmen, nur um festzustellen, daß sie damit ihrer eigenen Stellung den größten Schaden tun.

Viele Osteuropäer wurden Anhänger des Igels, namentlich Zoltan Ribli und Andras Adorjan in Ungarn, sowie Mihai Suba und Florin Gheorghiu in Rumänien. Suba entwickelte in der Tat eine ganze Philosophie, die zum großen Teil auf den mit der Igel-Struktur verbundenen Ideen beruht und die er in seinem provokanten wie unterhaltsamen Buch "Dynamic Chess Strategy" (Maxwell Macmillan 1991) ausführt. Diese Partie ist typisch.

Vukic - Suba
Vinkovci 1977
Igel-Verteidigung

1. Sf3 Sf6 2. g3 b6 3. Lg2 Lb7 4. 0-0 e6 5. c4 c5 6. d4 cxd4 7. Dxd4 d6 8. Sc3 a6 9. Td1 Dc7 10. b3 Sbd7 11. Lb2 Le7 12. e4 0-0 13. De3

Nun versuchen Sie, die schwarzen Züge vorauszusagen.

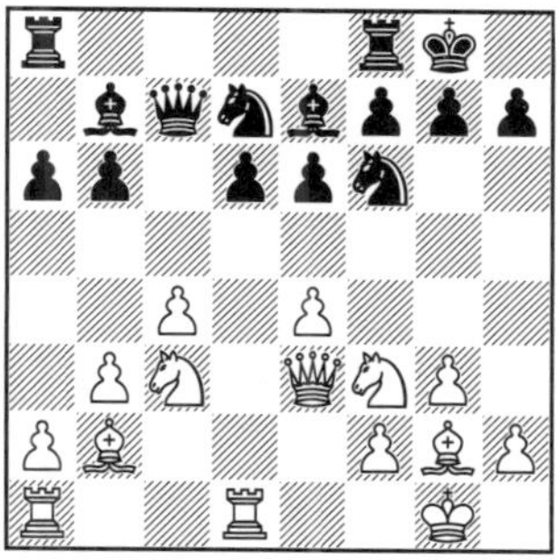

13. ... Tfe8

Fünf Punkte. Ein starker und subtiler Zug. Es ist erstaunlich, von welchem Nutzen der Turm sein kann, wenn er der Dame gegenübersteht; taktische Möglichkeiten aller Art werden greifbar, mehr dazu später.

14. Sd4

14. ... Lf8

Drei Punkte. Dieses "Zusammenrollen" ist ein wesentlicher Teil der schwarzen Igel-Strategie: auf f8 ist der Läufer sicher, weit außerhalb der Reichweite der weißen Springer; und der Turm auf e8 wird demaskiert.

Angenommen, Weiß zieht nun 15. f4, was wäre Ihre Antwort?

Zwei Punkte für 15. ... e5. Wenn Weiß

nimmt: 16. fxe5 dxe5 17. Sf5 Lc5 mit Damengewinn; und falls 16. Sc2, dann 16. ... d5!, was dem Läufer den Weg nach c5 freimacht.

Dies ist eine gute Illustration, wie die schwarze Stellung plötzlich, und reichlich unerwartet, zum Leben erwachen kann, denn obwohl sie verpackt scheinen, sind die schwarzen Kräfte in Wahrheit sehr gut koordiniert. Wie Suba es nennt, enthält die schwarze Stellung große "potentielle Energie".

15. Tac1

"Ein häufiges Bild im Igel. Die weiße Stellung wirkt ideal. Das ist die nackte Wahrheit, aber das "Ideal" hat per definitionem einen Nachteil - es kann nicht verbessert werden." (Subas gedankenanregender Kommentar zu dieser Stellung.)

Obwohl es bisher keinen direkten Kontakt zwischen den zwei Streitmächten gibt, spielt sich ein guter Teil hinter den Linien ab. Haben Sie erkannt, daß 14. ... Lf8 nicht nur ein allgemein nützlicher Zug war, sondern eine Drohung aufstellte, die 15. Tac1 verhindert hat? Hätte Weiß statt dessen 15. h3 gezogen, was hätte Schwarz auspacken können?

15. ... d5! (drei Punkte) ist der Zug. Es gibt wenig dagegen zu tun, daß Schwarz den Bauern c4 isoliert, denn wird der d-Bauer genommen, geht die Linie des Turms in Richtung der Dame auf: 16. cxd5 exd5 und der e-Bauer ist so gut wie verloren; oder 16. exd5 exd5 und nach Damenzügen isoliert Schwarz den c-Bauern und gewinnt ihn schnell.

15. ... Tad8

Zwei Punkte. Dieselbe Ausbeute für 15. ... Tac8.

Mit dem Turm auf c1 ist der Durchbruch d5 wirksam verhindert: 15. ... d5 16. cxd5 exd5 17. Sxd5 Sxd5 18. exd5! Txe3 19. Txc7 mit Gewinnstellung.

16. h3

16. ... g6

Zwei Punkte. Setzt die mit 13. ... Tfe8 begonnene Umgruppierung fort.

17. Kh2

17. ... Lg7

Ein Punkt. Dieser Läufer kommt auf eine wirkungsvollere Diagonale.

18. De2

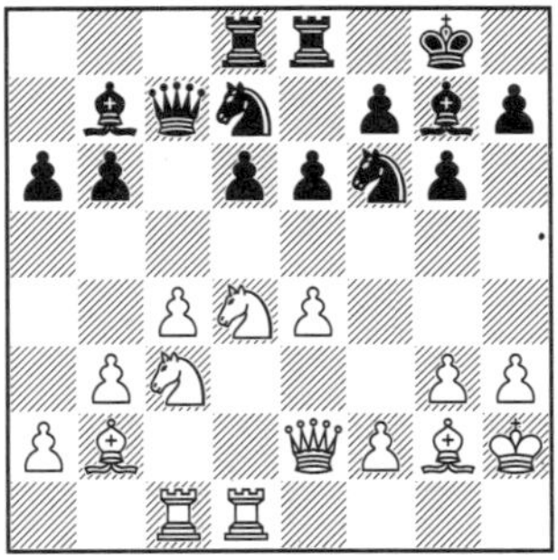

18. ... Db8

Ein Punkt. Wenn Sie dies in einem der früheren Züge ab 15. ... Tad8 gespielt haben, bekommen Sie einen weiteren Punkt. Vom taktischen Standpunkt ist es sehr wichtig, die Dame aus der Turmlinie zu bringen (z.B. wird d5 wieder einmal zur Drohung), und in der Tat steht sie auf b8 nicht weniger wirksam. Wir haben schon gesehen, daß Schwarz bereit ist, unter gegebenen Umständen mit e5 oder d5 einen Schlag auszuteilen, aber der andere Bauernhebel, der Schwarz zum Vorteil gereichen kann, ist b5, was ein Stück des Zentrums wegbricht. Die Dame steht auf b8 gut, um den b-Bauern zu unterstützen. Zufällig droht auch wieder einmal d5; daher der nächste weiße Zug.

19. Dc2

Hätte Weiß stattdessen 19. f4 gespielt, wie hätten Sie geantwortet?

19. ... e5 (zwei Punkte) ist korrekt; nach 20. fxe5 Txe5 hat Schwarz furchtbaren Druck auf den e-Bauern.

Nicht jedoch 19. ... d5, was schlimm aussieht, wenn Weiß 20. e5 spielt.

19. ... Tc8

Ein Punkt. Das Schattenboxen geht weiter. Der schwarze Turm jagt die Dame; einmal mehr droht d5.

Beachten Sie, wie sorgfältig das Timing der schwarzen Bauernstöße gewählt werden muß: 19. ... e5 hätte z.B. wenig Effekt, wenn es nicht tatsächlich die e-Linie für den Turm öffnet. Weiß könnte einfach 20. Sf3 spielen, mit der Idee Sd2-f1-e3, was das Feld d5 in eisernen Griff nimmt.

20. Dd2

20. ... Sc5

Drei Punkte. Druck auf den e-Bauern zu häufen ist ein guter Plan.

20. ... Tcd8 (zwei Punkte), was den Turm in Opposition zur Dame hält und außerdem den d-Bauern unterstützt, ist gut, aber nicht ganz so aktiv.

21. Te1

21. ... Da8

Ein Punkt. Setzt den Angriff fort.

22. f3

Indem er diesen Zug erzwingt, hat Schwarz einen kleinen, aber bedeutsamen Erfolg erzielt: der Läufer g2 hat nicht länger Einfluß im Zentrum; die zweite Reihe nicht länger Bauernschutz (wie wir später sehen, kann dies bei Öffnung der Stellung unangenehm werden); und eine neue Schwäche ist geschaffen, auf die Schwarz mit seinem nächsten Zug geradewegs losgeht.

Hätte Weiß versucht, diese Schwäche zu vermeiden, indem er den Bauern mit 22. De2 verteidigt, was könnten Sie spielen?

Das typische 22. ... d5! (ein Punkt) gibt Schwarz eine gute Stellung: 23. e5 Sfe4!, und 24. Sxe4 dxe4, mit der Idee 25. ... Sd3, ist riesig für Schwarz.

22. ... Db8!

Vier Punkte. Dies ist der Zug, den ich in der letzten Anmerkung andeutete. Die Dame hat ihr Ziel auf a8 erreicht und kehrt nun nach b8 zurück, wo sie den schwachen Bauern g3 ins Auge faßt. Schönes, logisches Spiel.

Nebenbei sollte ich erwähnen, daß Schwarz generell den Angriff mit b4 auf den Springer nicht fürchten muß, z.B. 23. b4 Scd7 24. Lf1 Se5 und Weiß wird große Verrenkungen machen müssen, um den c-Bauern zu verteidigen.

23. Tcd1

23. ... La8

Zwei Punkte. Erhöht die Harmonie

zwischen den schwarzen Figuren. Der Läufer geht der Dame aus dem Weg, so daß sie fähig wird, den Hebel b5 zu unterstützen.

24. Sde2

24. ... Ted8

Ein Punkt. Es ist am besten, einen Turm auf der c-Linie zu halten, falls Weiß Ideen mit b4 haben sollte.

25. Sd4

Der Springer mußte zurück. Wieso? Angenommen, Weiß hätte stattdessen 25. De3 gespielt, was hätten Sie gezogen?

25. ... b5! (zwei Punkte) ist positionell höchst wünschenswert; nach 26. cxb5 axb5 steht Schwarz besser aufgrund seiner zentralen Bauernmehrheit.

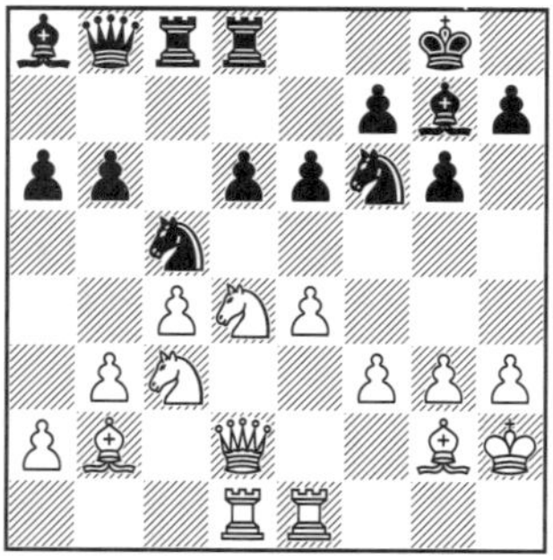

25. ... Scd7

Ein Punkt. Auch der Springer hat seine Rolle auf c5 ausgespielt und sucht neue Weidegründe. Nichts für 25. ... d5 wegen 26. cxd5 exd5 27. e5.

26. Df2

26. ... Se5

Ein Punkt. In Subas eigenen Worten: "Schwarz fängt an, provozierend zu spielen." Der Springer droht nichts Bestimmtes, aber ihn Weiß vor die Nase zu setzen, wenn er dagegen nichts tun kann, hat guten Wert.

Wenn Sie schlicht einen Wartezug - z.B. 26. ... Te8 - machten, bekommen Sie einen Punkt. Das Wichtigste ist, die Harmonie in der schwarzen Stellung zu erhalten. Früher oder später wird Weiß sich genötigt fühlen, seinen Raumvorteil irgendwie zu nutzen, vielleicht indem er einen unvorsichtigen Bauernzug macht, und dann wird Schwarz hinter den Barrikaden hervorbrechen.

26. ... d5 wäre weiterhin ein Fehler: 27. cxd5 exd5 28. exd5 Sxd5 29. Sxd5 Lxd5 30. Sf5!.

27. De2

27. ... Sc6

Ein Punkt. Den Springer auf dieses Feld zu ziehen ist etwas ungewöhnlich, aber Suba hat eine spezielle Idee im Sinn. Es war weiter möglich zu warten: ein Punkt für 27. ... Te8 oder 27. ... Sed7.

28. Sc2

Es wäre besser für Weiß gewesen, 28. Sxc6 Lxc6 29. a4! zu spielen, um b5 zu verhindern (im Moment).

28. ... Sh5!

Fünf Punkte. Die Dame auf b8 läßt ihre Gegenwart unvermutet am Königsflügel spüren. Schwarz droht 29. ... d5 mit Angriff auf g3. Es ist außergewöhnlich, wie dieser Springerzug plötzlich die Schwäche des weißen Königsflügels aufdeckt - zu viele Bauernzüge wurden gemacht.

29. f4

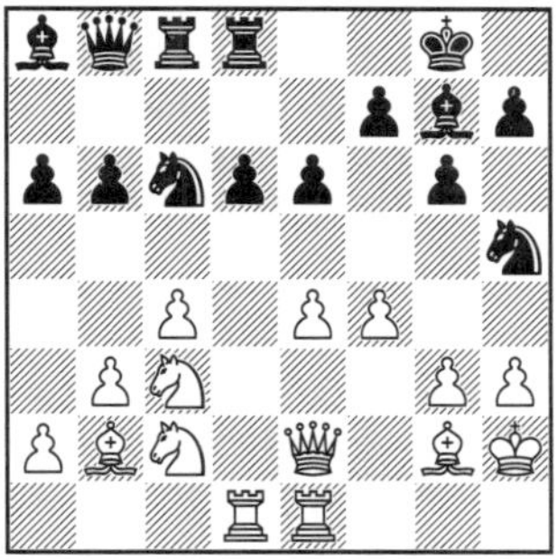

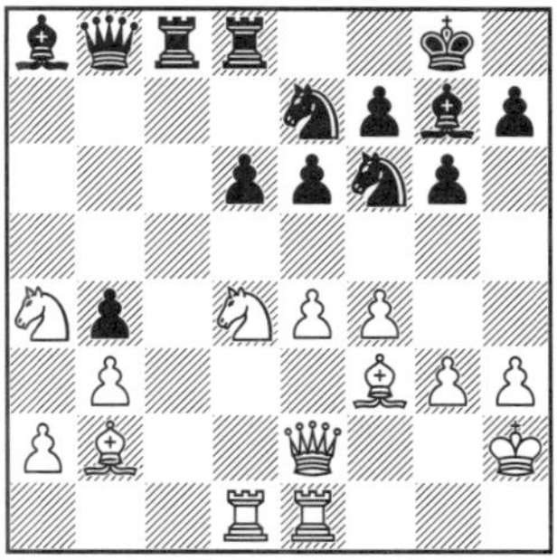

29. ... b5!

Vier Punkte. Der Ausbruch. Der Bauer ist immun, weil der Springer gefesselt ist.

30. cxb5

30. ... axb5

Ein Punkt.

31. Lf3

31. ... Se7

Ein Punkt. Ebenfalls einer für 31. ... b4, aber nichts für 31. ... Sf6 32. Sxb5.

32. Sd4

32. ... b4

Zwei Punkte. Treibt den Springer ins Exil am Brettrand.

33. Sa4

33. ... Sf6

Ein Punkt. Nachdem er seine Arbeit auf h5 getan hat, hüpft der Springer ins Zentrum zurück, wo er einen potentiellen Vorstoß der schwarzen Bauern unterstützt.

34. e5

Weiß klappt zusammen. Es ist wahr, daß Schwarz Vorteil hat (es gibt eine angenehme Wahl zwischen den Durchbrüchen e5 oder d5), aber dies ist verhängnisvoll.

34. ... dxe5

Zwei Punkte. Viel stärker als 34. ... Lxf3 35. Sxf3, was Weiß die Chance gibt, auf e5 mit einer Figur wiederzunehmen.

35. fxe5

Falls 35. Lxa8, so ist 35. ... exd4 36. Lf3 Sf5 schön für Schwarz.

35. ... Lxf3

Ein Punkt.

36. Sxf3

36. ... Sfd5

Ein Punkt. Der Springer kann nie von diesem Superfeld entfernt werden.

37. Tc1

37. ... Lh6

Drei Punkte. Der Läufer kommt auf eine exzellente Diagonale und reißt die Kontrolle über die offene Linie an sich.

38. Tc4

38. :... Se3

Ein Punkt.

39. Tcc1
39. ... S7d5
Ein Punkt.
40. Txc8
40. ... Txc8
Ein Punkt.
41. Df2
41. ... Sf5
Ein Punkt.
42. Te2
42. ... Le3
Ein Punkt.
43. De1
43. ... Db5
Ein Punkt.
44. Sd2
44. ... Dd3
Ein Punkt.

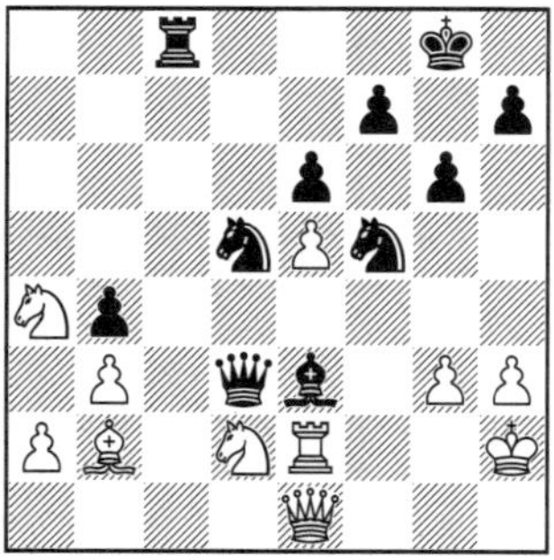

Diese Stellung repräsentiert den Triumph der schwarzen Strategie: Weiß durfte ein breites, scheinbar starkes Bauernzentrum aufbauen (starr und unbeweglich könnte eine bessere Beschreibung sein), welches Schwarz aus dem sicheren Hinterhalt seiner eigenen Linien unter Beschuß nahm und tatsächlich zur Zerstörung brachte. Die schwarzen Figuren überfluteten dann das Vakuum, das zurückblieb.
Die Letzten werden die Ersten sein.
45. Sf1
45. ... Tc2
Ein Punkt. Der einfachste Gewinnweg.
46. Tg2
46. ... Txg2+
Ein Punkt.
47. Kxg2
47. ... De4+
Ein Punkt. **Weiß gab auf**, da 48. Kh2 Lg1+ die Dame gewinnt.

Partie 11:
Planet Schirow

Der lettische Großmeister Alexej Schirow ist einer der originellsten Angriffsspieler, die seit Jahrzehnten emporkamen: manchmal wirken seine Ideen, als könnten sie nur irgendwoher aus dem Weltall kommen. Ich warne Sie - manche seiner Züge werden schwer vorauszusagen sein. Ich bitte Sie also, sich vorzustellen, daß Sie in ein Paralleluniversum versetzt worden sind - auf den Planet Schirow, genauer gesagt.
Auf dem Planet Schirow läßt die schwerelose Atmosphäre wundersame Dinge geschehen. Schachfiguren schweben scheinbar wahllos umher, nur entfernt ähnlich ihren normalen irdischen Werten; insbesondere das Läuferpaar erreicht eine Kraft, von der man in unserem Sonnensystem noch nie hörte.
Die außerirdischen Lebensformen, die

den Planeten Schirow bewohnen, sind, wenn auch nur für den damit nicht Vertrauten, ein bedrohlicher Anblick: groß und schlaksig, mit Haarbüscheln, die in merkwürdige Richtungen abstehen, stolpern sie umher, in fremden Zungen murmelnd.

Adams - Schirow
Biel 1991, Sizilianisch

1. e4 c5 2. Sf3 d6 3. d4 cxd4 4. Sxd4 Sf6 5. Sc3 g6 6. Lc4 Lg7 7. 0-0 0-0 8. h3 Sc6 9. Le3

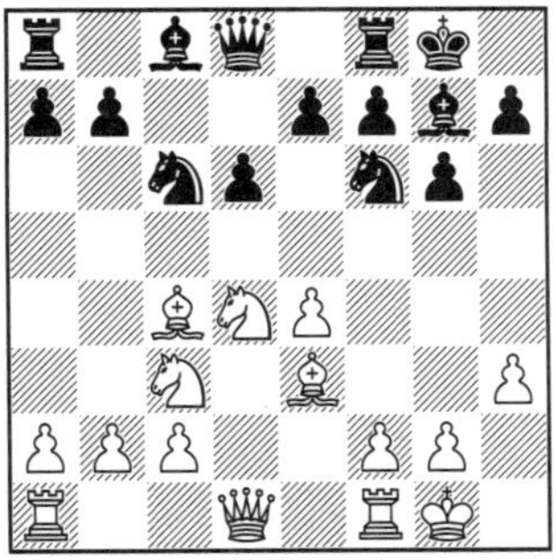

Nun stellen Sie sich vor, Sie seien in einer anderen Dimension, und beginnen Sie die schwarzen Züge vorauszusagen.

9. ... Sxe4

Fünf Punkte. Kommt sofort zur Sache. Sich selbst treu, wählt Schirow die dynamischste Fortsetzung, die die Position destabilisiert. Bei der Entscheidung für diesen Zug mußten Sie die Variante 10. Sxe4 d5 11. Sxc6 bxc6 12. Ld3 (es ist am besten, den Läufer zu behalten) 12. ... dxe4 13. Lxe4 berechnen und sehen, daß diese Stellung zumindest ausgeglichen für Schwarz ist; ich meine, der einfachste Zug ist hier 13. ... Dc7. Nicht nur ist der weiße Damenflügel ein wenig empfindlich, sondern Schwarz hat den natürlichen Plan, seine Königsflügelmehrheit vorzutreiben (e5, f5) zur Verfügung.

Natürlich war es genauso gut, den normalen Entwicklungszug 9. ... Ld7 (drei Punkte) zu machen, aber ich habe Sie gewarnt, "das Unerwartete zu erwarten", daher die Extrapunkte für 9. ... Sxe4.

10. Lxf7+

10. ... Kxf7!!

Zehn Punkte. Wenn Sie diesen Zug fanden, sind Sie (a) ein Genie, (b) ein Schwindler, oder (c) Sie haben einen Verwandten, der in einem lettischen Gefängnis dahinsiecht.

Lassen Sie mich das erklären. Vor ungefähr fünf Jahren wurde Alexander Wojtkiewicz, nach Abstammung ein Pole, der in Lettland lebte, ins Gefängnis geworfen, weil er sich dem Wehrdienst in der Sowjetarmee entzog. Nun, während er bei Wasser und Borschtsch "brummte", hatte er eine Menge Zeit, über die großen Fragen des Lebens nachzubrüten, wie etwa: "Ist es möglich, den Drachen mit 6. Lc4 für Schwarz zu rehabilitieren?" 10. ... Kxf7 war der Zug, auf den er kam. (Zuvor hatte man automatisch 10. ... Txf7 - zwei Punkte, wenn Sie sich dafür entschieden - gespielt, und Schwarz hatte zu kämpfen - warum, wird nach einigen Zügen klar.)

Als er aus dem Kittchen heraus war, weihte er als großzügiger Typ einige lettische Kameraden in das Geheimnis ein, und so bekam Schirow davon zu hören.

11. Sxe4

11. ... Sxd4!

Drei Punkte. Die einzig logische Folge. Wenn Ihre Absicht 11. ... Ld7 war, was 12. Sg5+ und Se6 zuläßt, ziehen Sie fünf Punkte ab und prüfen Ihren Sauerstoffvorrat.

11. ... Kg8 (zwei Punkte) hätte zumindest das Plus, den König aus der Schußlinie zu entfernen, aber dann hätten Sie genausogut 10. ... Txf7 spielen können. Weiß könnte mit 12. c4 großen Positionsvorteil beanspruchen.

12. Lxd4

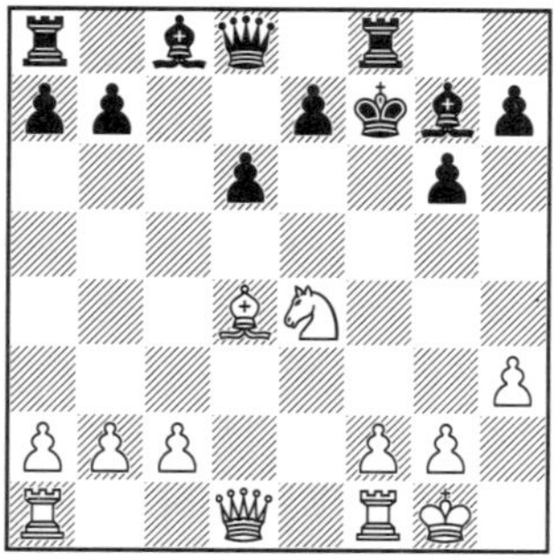

12. ... e5!

Vier Punkte. Das ist die Pointe des schwarzen Spiels - er ist imstande, seine Zentralbauern ins Rollen zu bringen, unterstützt vom Läuferpaar. An diesem Punkt können wir zurückgehen und einen Blick darauf werfen, was passiert wäre, wenn Schwarz 10. ... Txf7 gespielt und dann in derselben Weise fortgesetzt hätte: 11. Sxe4 Sxd4 12. Lxd4 e5? und nun ist 13. Lc5! d5 14. Sd6 praktisch gewonnen für Weiß. Statt 12. ... e5? wurde in der Partie Stoica - Makropoulos, Bukarest 1983, 12. ... Lf5 gespielt. Der Verlauf dieser Partie illustriert die Probleme, auf die Schwarz mit hängenden Bauern auf den zwei Zentrallinien treffen kann: 13. Sg5 Tf8 14. c4 h6 15. Lxg7 Kxg7 16. Se4 Db6 17. De2 Lxe4 18. Dxe4 Tf7 19. b3 Taf8 20. De2 e5 21. Tad1 Tf4 22. Td5 e4 23. Db2+ T8f6 24. Dd4 e3 25. Dxb6 axb6 26. f3 Te6 27. Te1 Tf5 28. Txf5 gxf5 29. f4! Te4 30. g3 b5! (die beste Chance, sonst läuft der weiße König ins Zentrum und nimmt den e-Bauern mit) 31. cxb5 d5 32. Kf1 d4 33. Ke2 Kf6 34. a4 Ke6 35. a5 Kd5 36. a6 bxa6 37. bxa6 Te8 38. Ta1 Ke4 39. Ta4 h5 40. a7! Ta8 41. h4! 1:0. Die Schlußstellung ist Zugzwang: der schwarze König muß zurück, wonach die e- und d-Bauern fallen. Weiß behielt sehr gut die Kontrolle in der Schlußphase.

13. Le3

Da der schwarze Turm noch die Dame deckt, ist 13. Lc5 nicht möglich: die Pointe von 10. ... Kxf7!! Tiefgründig, nicht wahr?

13. ... d5

Zwei Punkte. Der einzige Zug - und ein guter dazu.

14. Sg3

Ich denke, 14. Lg5 hätte Schwarz mehr gefordert. Dann ist 14. ... Dd7 erzwungen (14. ... Da5 15. Sd6+ Kg8 16. b4 und Dxd5+), worauf 15. Sc3 Schwarz wieder zum Vormarsch zwingt: 15. ... d4 16. Se4. Auf diese Art hat Weiß wenigstens einen festen Halt im Zentrum. Die Chancen sind ungefähr gleich. Schreiben Sie eine Handvoll Punkte gut, wenn Sie diese Idee für Weiß sahen.

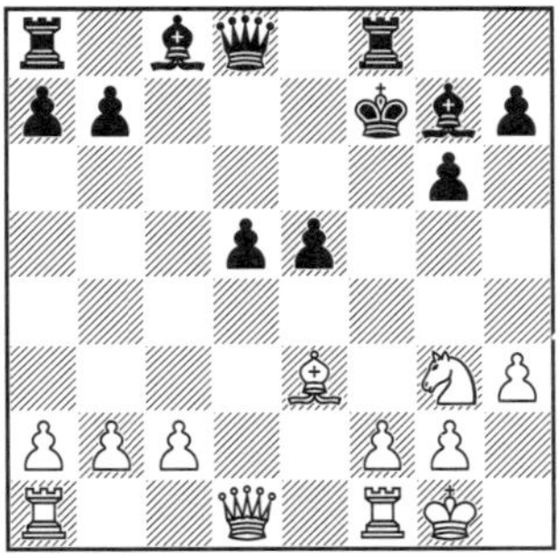

14. ... Kg8

Vier Punkte. Ein vernünftiger Zug, der den König wieder in der Ecke verstaut. Nur ein Punkt für 14. ... d4 - es gibt keinen Zwang, Weiß e4 für den Springer zu überlassen. Null Punkte für 14. ... Le6, was Weiß erlaubt, die Bauernfront mit 15. f4! aufzubrechen.

15. c3

15. ... Le6

Zwei Punkte.

16. Se2

16. ... g5!

Fünf Punkte. Ein exzellenter Zug. Weiß könnte sogar besser stehen, wenn er f4 durchsetzt; nach Tausch auf e5 spielt er Ld4, tauscht wenn möglich die Läufer und spielt dann den Springer nach d4 oder vielleicht f4, um den d-Bauern anzugreifen.

Wenn Weiß nicht imstande ist, das e5/d5-Bauernzentrum aufzubrechen, bedeutet dies, daß der Springer keinen Stützpunkt finden wird. Wie Sie sehen werden, hat dies letztlich fatale Folgen.

Von den anderen möglichen Zügen ist 16. ... Dd7 (zwei Punkte), was die Türme verbindet und vielleicht ein Opfer auf h3 ins Auge faßt, der natürlichste. Aber er erlaubt 17. f4.

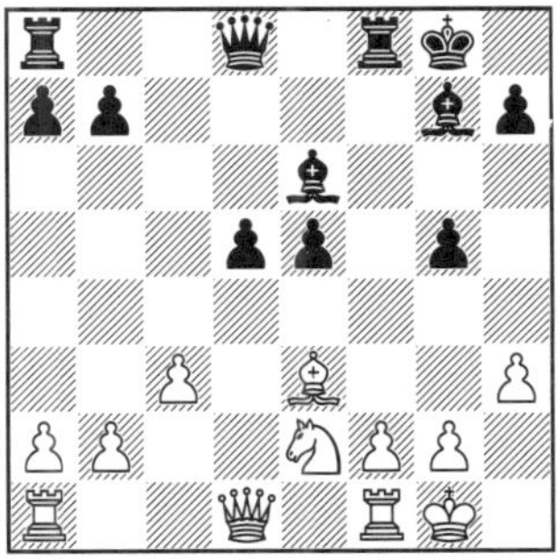

17. Dd2

17. ... h6

Drei Punkte. Der beste Zug, aber 17. ... g4 (zwei Punkte) und 17. ... Lf6 (ein Punkt) waren brauchbare Alternativen. Werfen wir einen kurzen Blick darauf. Eine plausible Variante nach 17. ... g4 ist 18. hxg4 Lxg4 19. f3 Le6 20. Lh6 Tf7 21. Lxg7 Txg7. Schwarz hat einen Turm auf einer offenen Linie gegen den König, aber Weiß kann sich mit dem Tausch der Läufer trösten, der die Bauernfront schwächt. Die Chancen sind im Gleichgewicht.

17. ... Lf6 sieht häßlich aus. Weiß hält einfach den Druck aufrecht mit 18. Tad1 Tf7 19. Sg3! und der Idee Sh5.

18. h4

18. ... gxh4

Zwei Punkte. Ein Punkt für 18. ... Lf6 - nicht schlecht, aber wieder ist etwas an diesem Zug, das häßlich wirkt; es scheint nicht richtig, den Turm zu blokkieren.

19. Lxh6

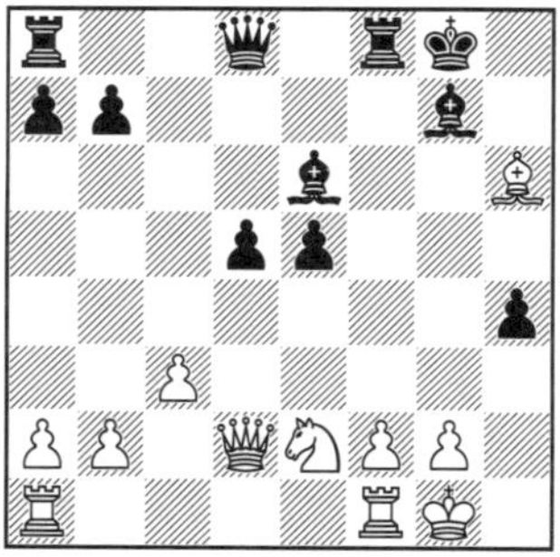

19. ... Df6

Drei Punkte. Die zwingendste Fortsetzung. Schwarz opfert einen Bauern, um seine Kräfte schnell zum Königsflügel zu bringen.

19. ... Tf7 (zwei Punkte) ist langsamer, aber immer noch gut. Die Folge wird Df8! sein, was Weiß zu einer Entscheidung mit dem Läufer zwingt und vorbereitet, den Damenturm ins Spiel zu bringen.

Natürlich keine Punkte für 19. ... Lxh6, was freiwillig das Läuferpaar aufgibt und die weiße Dame auf ein drohendes Feld bringt. Beim Versuch anzugreifen hat Schwarz selbst seinen König exponiert, so daß er mit äußerster Vorsicht vorgehen muß.

20. Lg5

Adams nimmt die Herausforderung an, aber die Läufer zu tauschen (20. Lxg7 Dxg7) und den Konsequenzen von 21. f4!? ins Auge zu sehen war vielleicht klüger.

20. ... Dg6

Ein Punkt.

21. Lxh4

21. ... Tf5

Zwei Punkte.

22. f4

Der schwarze Turm drohte auf die h-Linie zu schwenken, also drückt Adams den "Hyperspace"-Knopf. Vergebliche Hoffnung: Planet Schirow schlägt zurück!

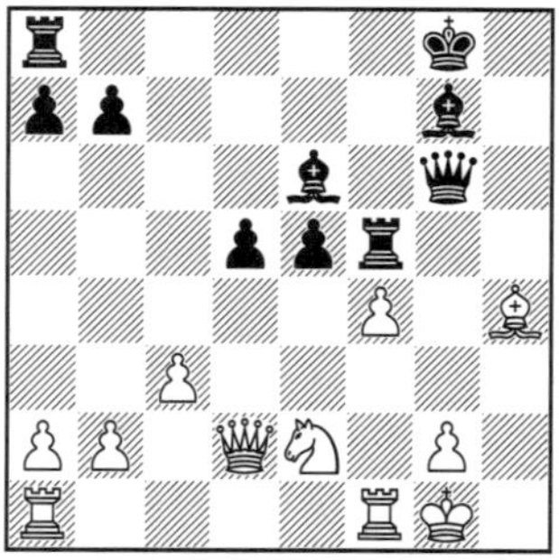

22. ... Dg4

Vier Punkte. Von hier an ist Schirows Berechnung fehlerfrei. Es gab einige verlockende Alternativen: 22. ... Th5 (ein Punkt) wird mit 23. Lg5! und der Idee 23. ... Dh7 24. Sg3 beantwortet, aber 22. ... Taf8 (zwei Punkte) ist ein guter Versuch. Weiß muß einen engen Pfad steuern, aber er sollte sich mit Vorteil aus dem Sumpf ziehen: 23. fxe5! Lxe5 24. Txf5 Txf5 25. Te1!, was Sd4 vorbereitet, um gegen die Läufer aufzumarschieren. Falls 23. ... Lh6!?, dann 24. Dd4; nun ist 24. ... Tf3!? ein

Zug, mit dem ich bei kurzer Zeit nicht gern zu tun hätte, aber bei ruhigem Nachdenken behält 25. Txf3 Txf3 26. Lf2! den Vorteil.

23. Lg5

23. g3 wird stark mit 23. ... Th5! beantwortet; ich kann nicht sehen, wie es Weiß nach 24. Kf2 Tf8 25. Ke1 Lh6 lange aushält.

23. ... Taf8

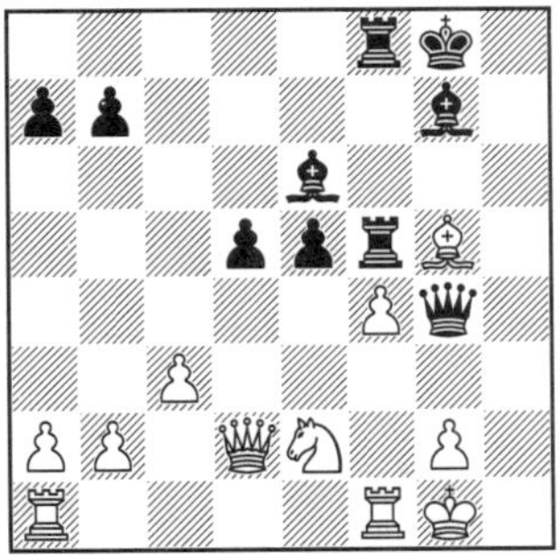

Vier Punkte. Bringt die letzte Figur zum Angriff.

24. Tf2

24. ... d4!

Fünf Punkte. Ein wundervoller Zug, der die Läufer befreit.

25. cxd4

25. ... exf4

Zwei Punkte.

26. Lxf4

26. ... Lc4

Fünf Punkte. Gewinnt eine Figur. Der Springer hat es nie zu einem guten Feld gebracht.

27. Le3

27. ... Txf2

Ein Punkt.

28. Lxf2

28. ... Lxe2

Ein Punkt. Hier **gab Weiß auf**. Nicht gerade eine von Adams' Glanzvorstellungen, aber Schirow spielte mit gewaltiger Energie, um den Punkt zu machen.

P.S.: Die Wojtkiewicz-Story hatte ein Happy end. Nachdem er aus dem Gefängnis kam, gelang es ihm, nach Polen zu emigrieren. 1990 erreichte er den Großmeistertitel und ist jetzt Schachprofi.

Partie 12: Eine theoretische Schlacht

Diese Partie ist ein typisches Beispiel, was passieren kann, wenn ein starker, gut vorbereiteter Spieler auf einen leicht schwächeren trifft.

Die Grünfeld-Verteidigung ist wirklich eine sehr scharfe Eröffnung und könnte auch "Grünfeld-Gegenangriff" genannt werden. In echt "hypermodernem" Stil erlaubt Schwarz dem Weißen, ein breites Zentrum zu errichten in der Hoffnung, daß er dann imstande sein wird, dieses zu zertrümmern. Es ist natürlich ein großes Glücksspiel, denn wenn er scheitert, gibt Weiß die Beherrschung des Zentrums klaren Vorteil. Auf dem höchsten Niveau im Schach wäre man schlecht beraten, diese Eröffnung aus einer Laune heraus zu versuchen.

Die zwei Spieler hier, Boris Gelfand aus Minsk in Weißrußland und Stefan Kindermann aus München, hatten tatsächlich schon einen Kampf in genau dieser Variante ausgefochten, welche Partie nach einigen Abenteuern Remis endete. Beide Spieler waren jedoch unzufrieden mit ihrer eigenen Eröffnungsbehandlung und hatten Verstärkungen vorbereitet; aber Gelfands Suche war gründlicher, und er war es, dem es gelang, seinen neuen Zug als erster an den Mann zu bringen. Nachdem er einmal sich Vorteil gesichert hatte, war seine Technik, die Partie zum Sieg zu steuern, höchst effizient. Kindermann muß das Gefühl gehabt haben, als ob er in der ganzen Partie nie eine Chance hatte.

Gelfand - Kindermann
Dortmund 1990,
Grünfeld-Verteidigung

1. d4 Sf6 2. c4 g6 3. Sc3 d5 4. cxd5 Sxd5 5. e4 Sxc3 6. bxc3 Lg7 7. Sf3 c5 8. Tb1 0-0 9. Le2 cxd4 10. cxd4 Da5+ 11. Ld2 Dxa2 12. 0-0 De6

Versuchen Sie nun die weißen Züge vorauszusagen.

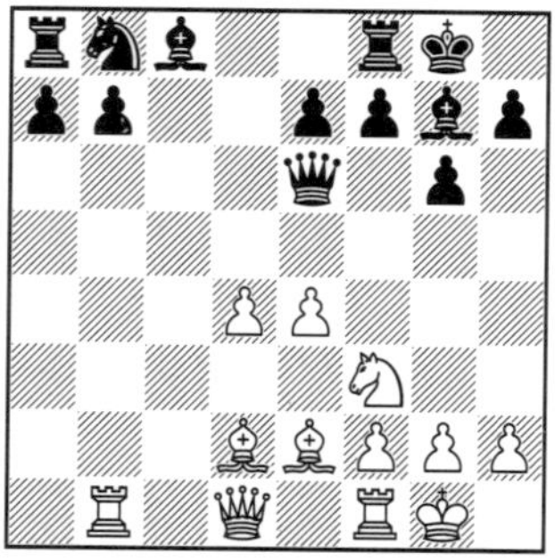

13. Dc2

Vier Punkte. Es gibt drei brauchbare Methoden, der Drohung gegen den e-Bauern zu begegnen: 13. e5, 13. Ld3 und 13. Dc2. Ich würde 13. e5 schnell verwerfen. Es muß ein Fehler sein, daß man Schwarz die Chance gibt, Feld d5 zu besetzen. 13. ... Dd5 ist ein guter Zug, mit der Idee Le6, Dd7 und Ld5. Natürlich kann Weiß den ruhigen Ablauf dieser Idee unterbrechen, aber die Stellung sollte ganz befriedigend für Schwarz sein.

13. Ld3 (ein Punkt) ist nicht schlecht - es erhält zumindest einige Beweglichkeit - aber 13. Dc2 bei weitem am besten. Die Türme werden verbunden, und Weiß macht sich schon Gedanken über das Eindringen auf der offenen c-Linie.

13. ... Dd6

Schwarz muß die Dame erneut ziehen, um den Läufer c8 zu entwickeln.

14. Lb4

Drei Punkte. Weiß bringt den Läufer mit Zeitgewinn auf eine exzellente Diagonale. Das frühere Treffen Gelfand - Kindermann war mit 14. d5 weitergegangen (ein Punkt, wenn Sie sich dafür entschieden) und nun hätte Schwarz 14. ... Sa6 spielen sollen, was Lb4 verhindert (ich bin sicher, daß Kindermann dies plante) mit einer völlig akzeptablen Position.

Zwei Punkte für 14. Tfc1, einen sinnvollen Zug, der Druck auf der c-Linie aufbaut.

14. ... Dd8

15. d5

Drei Punkte. Weil der d-Bauer nicht von einem anderen Bauern gedeckt ist, muß dieser Zug irgendwann kommen, und da Schwarz Sc6 droht, ist dies der richtige Moment. Davon abgesehen ist es nützlich, den e7-Bauern an seinen Platz binden zu können, eine potentielle Zielscheibe, wie wir später in der Partie sehen werden.

15. ... Lg4

16. Tfc1

Drei Punkte. Es droht bereits 17. Dc7, was den Bauern mit ausgezeichneter Stellung zurückgewinnt.

16. ... Sa6

17. La3

Zwei Punkte. Ohne diesen Läufer kann Weiß nicht hoffen, irgendeinen bedeutenden Fortschritt zu machen. 17. Lxa6 wäre nicht gut, weil 17. ... bxa6 18. Dc7? Dxc7 19. Txc7 eine peinliche Fesselung mit 19. ... Tab8 erlaubt.

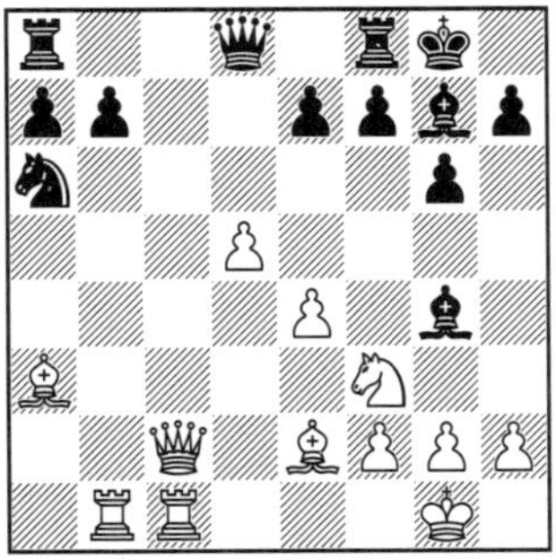

17. ... Lxf3

18. gxf3

Sechs Punkte. Dieser undogmatische Zug ist der beste der Partie. Um die Idee dahinter zu verstehen, ist es notwendig, das alternative Nehmen zu untersuchen.

Einen Trostpunkt für Sie, wenn Sie 18. Lxf3 gespielt haben. Der b-Bauer ist weiter angegriffen, aber in diesem Fall könnte Schwarz 18. ... b6 spielen, mit der Idee 19. ... Sc5. Indem Schwarz auf diese Art den Bauern zurückgibt, eliminiert er den gefährlichen Läufer a3 und erreicht so einige Sicherheit. Der Läufer g7 ist eine Superfigur: wenn Weiß nicht achtgibt, könnte er dem a-Bauern übers ganze Brett Geleitschutz geben.

Nach 18. gxf3 ist es nicht möglich, den b-Bauern mit b6 zu verteidigen, weil der Springer hängen würde; damit ist Schwarz nicht imstande, den Läufer a3 abzublocken. Die leichte Schwäche des weißen Königsflügels hat nichts zu sagen, weil er so großen Entwicklungsvorsprung hat.

Hätte Schwarz nun 18. ... Lh6 gespielt, wie würden Sie antworten?

Nichts für das zahme 19. Td1, was 19. ... Dd7 erlaubt, womit Schwarz die Stellung zusammenhält. 19. Txb7! (zwei Punkte) ist korrekt: 19. ... Lxc1 20. Dxc1. Weiß hat hervorragende Kompensation für die Qualität.

18. ... Dd7

19. Lxa6

Ein Punkt.

19. ... bxa6

20. Dc7

Drei Punkte. Wenn die Damen getauscht werden, fällt der e-Bauer, was Weiß ein gewonnenes Endspiel gibt.

20. ... Dh3

21. Dg3

Sechs Punkte. Dies ist ein

che Entscheidung. Sch

zwungen, in ein miserables Endspiel abzuwickeln, denn 21. ... Dd7 22. Tc7 Da4 23. Lxe7 ist vernichtend.
Es war verführerisch, 21. Lxe7 zu spielen (zwei Punkte). Falls 21. ... Dxf3 22. Lxf8 Txf8 23. Te1 mit der Idee Dg3 und Weiß sollte gewinnen. Wenn Schwarz jedoch 21. ... Tfe8! spielt, ist es überraschend schwierig für Weiß, die Stellung im Griff zu behalten. Falls 22. d6 Le5! und gewinnt; und wenn 22. Tb3, um den f-Bauern zu decken, dann gewinnt 22. ... Tac8 eine Figur. Weiß sollte eine Handvoll Bauern zurückgeben, um seinem König Schutz zu verschaffen: 22. Ld6 Dxf3 23. Lg3. Der d-Bauer ist weiter sehr gefährlich, so daß die Position völlig unklar bleibt.

21. ... Dxg3+

22. hxg3

Ein Punkt. Es ist am besten, den Bauern auf f2 zu lassen, so daß der König noch Deckung auf der 2.Reihe hat.

22. ... Tfe8

Schwarz wird in eine Stellung gezwungen, wo beide seiner Türme gebunden sind.

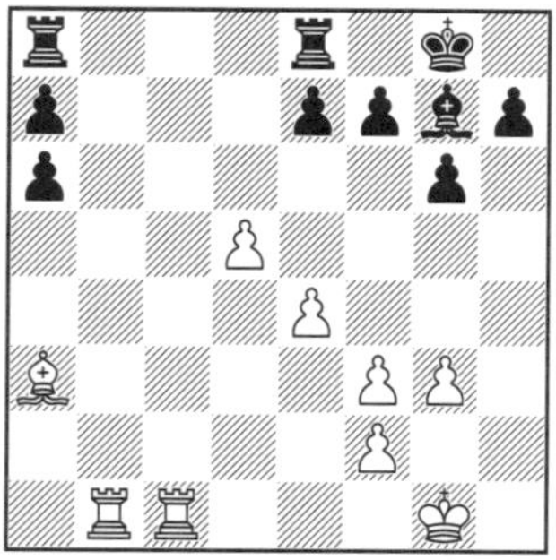

23. Tb7

Ein Punkt. Dasselbe für 23. Tc7.

23. ... Lf8

Hätte Schwarz 23. ... e6 gespielt, wie sollte Weiß erwidern?
Ein Punkt für 24. d6. Dieser Bauer wird Schwarz Material kosten.

24. Tcc7

Zwei Punkte.

24. ... Tab8

24. ... e5 hätte zumindest die Stellung ein wenig kompliziert. Weiß hat zwei vernünftige Züge: 25. d6 und 25. Lb2 (der sauberste Zug) 25. ... f6 26. Txh7 behält alles unter Kontrolle.

25. Txb8

Vier Punkte. Wenn man Endspielvorteil hat, sollte man immer nach Fortsetzungen Ausschau halten, die zu einer bekannten theoretischen Gewinnstellung abwickeln. Weiß behält auch nach 25. Txa7 (ein Punkt) Vorteil, aber man kann nicht sagen, daß die Position definitiv gewonnen ist; als erstes wäre über 25. ... Tb3 nebst 26. ... Txf3 nachzudenken.

25. ... Txb8

26. Lxe7

Zwei Punkte. Hiermit behält Gelfand im Zentrum zwei Mehrbauern, und die Erfahrung sagt ihm, daß dies einen gewinnbringenden Vorteil darstellt. Die schwarzen a-Bauern bieten kein ausreichendes Gegenspiel.

26. ... Lxe7

27. Txe7

Ein Punkt.

27. ... Ta8

28. Tc7

Drei Punkte. Weiß muß die Drohung beachten, die a-Bauern vorzustoßen, bevor er seine eigenen Bauern aufmarschieren läßt oder den König nach vorn bringt.

28. d6 (ein Punkt) z.B. könnte den Gewinn in Frage stellen: 28. ... a5 29. Te5! (der einzige Zug, um Gewinnchancen zu behalten; falls 29. d7 Kf8 30. Te5 Td8 31. Td5 Ke7 mit Gewinn des d-Bauern, was mindestens Remis sichert) 29. ... Td8 30. Td5! f6 31. f4! mit der Idee e5, um den d-Bauern zu decken, gefolgt von Txa5.

In den obigen Varianten muß Weiß eine Reihe exakter Züge finden, um auf dem Gewinnweg zu bleiben. Gelfands Methode ist sehr viel einfacher: es gibt wirklich keine Not, irgendwelche Bauern vorzurücken, bis der Rest der Stellung sicher ist.

28. ... a5

29. Tc5

Drei Punkte.

29. ... a4

30. Ta5

Ein Punkt.

30. ... Kf8

31. e5

Zwei Punkte. Dasselbe für 31. f4.

31. ... Ke7

32. f4

Drei Punkte. Dies stärkt sowohl das Zentrum und schaltet die Möglichkeit aus, daß Schwarz g5 nebst h5 spielt, was einen weiteren Freibauern schafft.

32. ... h5

Schwarz hätte dem Gegner etwas mehr Mühe gemacht, wenn er seinen König herübergebracht hätte, mit dem Versuch, dem freien a-Bauern einen Weg zu bahnen, aber Weiß gewinnt, wenn er die Nerven behält und wie in der Partie spielt.

33. Kg2

Zwei Punkte.

33. ... a3

34. Kf3

Drei Punkte. Es gibt wahrlich keinen Zwang, den a-Bauern jetzt schon zu nehmen; besser ist es, einfach den König vorzubringen.

34. ... a2

35. Ke4

Ein Punkt.

35. ... a1D

36. Txa1

Ein Punkt.

36. ... a5

37. Ta4

Drei Punkte. Der Bauer sollte so schnell als möglich aufgehalten werden.

37. ... Ta7

38. f5

Drei Punkte. Hier **gab Schwarz auf**, bevor er von den weißen Zentralbauern vom Brett geschoben wird.

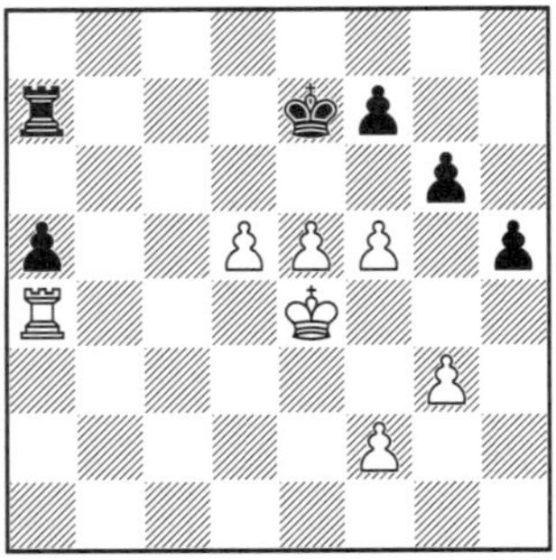

Ein glatter Vortrag, aber nur weil Gelfands Spiel so schneidend scharf war. Besonders fein waren zwei Züge. Erstens konnte man 18. gxf3 leicht übersehen - ich vermute, Kindermann tat dies, als er diese Stellung einige Züge vorher betrachtete. Ebenso war 21. Dg3 ein schwierig zu findender Zug, da man sehen mußte, daß Schwarz nach dem offensichtlichen Schlagen auf e7 ausgezeichnetes Gegenspiel erhält, und ferner, wenn man 21. Dg3 gefunden hatte, mußte man das entstehende Endspiel akkurat beurteilen.

Partie 13: Backsteinmauern

Sekundant zu sein ist oft ein nervenaufreibendes Geschäft. Man bereitet seinen Spieler bestmöglich auf jeden Gegner vor, aber wenn die Partie beginnt, kann man nichts mehr tun. Man muß die Entwicklung der Dinge auf dem Brett mit frustrierender Hilflosigkeit betrachten. Das Beste ist, aus dem Turniersaal das Weite zu suchen; Ängstlichkeit kann sich übertragen - und nicht nur auf den eigenen Spieler. Eltern, nehmt es zur Kenntnis! Doch auch wenn man dies sagt, kann man schwer widerstehen, wieder einen Blick zu riskieren und zu sehen, wie die Dinge laufen.

So betrachtet, war es bestimmt eine meiner schlimmsten Erfahrungen, Michael Adams bei der WM U-16 im Jahr 1987 zu sekundieren. Die Partien folgten einem regelmäßigen Ablauf: nach ungefähr zwei Stunden kroch er irgendwo auf der Grundreihe herum, seine Figuren in fürchterliche Verrenkungen gezwängt. Ich verschwand und suchte meine Nerven mit Kaffee und Eiscreme im Angesicht von Innsbrucks Goldenem Dachl zu beruhigen. Wenn ich am Ende der vierten Stunde zurückkam, hatten Michaels Figuren unweigerlich den Weg auf bombensichere Felder gefunden, und sein Gegner sah aus wie jemand, der den ganzen Nachmittag damit verbracht hatte, mit dem Kopf gegen eine Backsteinmauer zu schlagen. Ende gut, alles gut, aber in den ersten paar Stunden einer jeden Partie ging ich durch die Hölle.

Seither hat Michael Adams die großen Verheißungen erfüllt, die man damals in ihm sah, obwohl man ihn noch immer nicht als großen Eröffnungstheoretiker bezeichnen kann; es ist sehr oft sein großes Naturtalent, das ihn durchbringt.

Sein Gegner hier ist Großmeister Alexander Khalifman aus Leningrad.

Khalifman - Adams
Groningen 1990
Bogo-Indische Verteidigung

1. d4 Sf6 2. c4 e6 3. Sf3 Lb4+ 4. Ld2 De7 5. g3 Sc6 6. Sc3 Lxc3 7. Lxc3 Se4 8. Tc1 d6 9. Lg2 Sxc3 10. Txc3

Beginnen Sie nun für Schwarz eine Backsteinmauer aufzubauen.

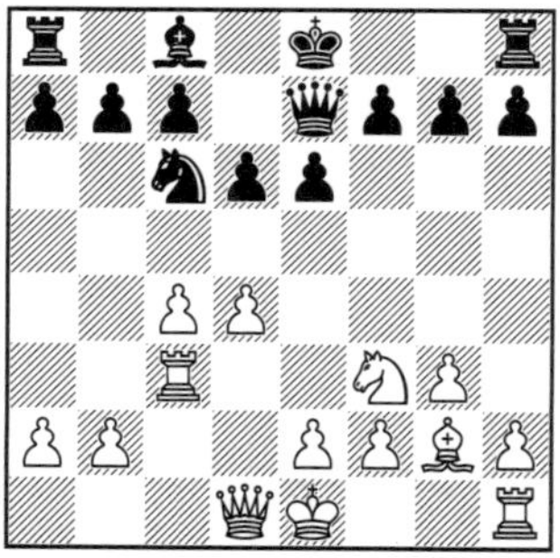

10. ... e5

Vier Punkte. Schwarz muß im Zentrum sein Territorium abstecken, und dies ist der richtige Weg dazu. 10. ... d5 andererseits wäre nicht gut: der Läufer bleibt eingesperrt, und Weiß erhält automatisches Spiel auf der c-Linie. Statt dessen ist 10. ... f5 plausibel, was zu einer Art Holländisch führt, aber in Wahrheit nicht sehr gut, wenn Weiß geschickt reagiert: 11. d5! Se5 12. Sd4!. Die beste Alternative ist das logische 10. ... 0-0 (zwei Punkte), aber Weiß könnte die schwarzen Pläne mit 11. d5! durchkreuzen.

11. d5

11. ... Sb8

Zwei Punkte. Dies ist der beste Rückzug. Von d8 aus könnte der Springer eventuell über f7 herauskriechen, aber es sieht verkrampft aus.

12. 0-0

12. ... 0-0

Zwei Punkte. Notwendige Evakuierung.

13. Sd2

13. ... a5

Vier Punkte. Wenn Schwarz Operationen am Königsflügel mit 13. ... f5 beginnt (ein Punkt), trifft ihn am Damenflügel der Hammer, bevor der Angriff ernstlich anfängt: nach 14. b4! droht Weiß bereits c5.

14. c5

14. ... Sa6!

Vier Punkte. Typisch Adams. Statt in die Komplikationen hineingezogen zu werden, die entstehen, wenn er den Bauern schnappt, zieht er es vor, mit seinem eigenen stetigen Schema fortzufahren. In der Tat ist es durchaus möglich, den Bauern zu nehmen: 14. ... dxc5!? (zwei Punkte) 15. Sb3 Sa6 (15. ... b6? 16. d6!) 16. Dc1! Sb4 17. Txc5 Sxa2 18. Dc4. Nach dem Fall des c-Bauern muß Weiß besser stehen, aber Schwarz ist nicht ohne Gegenchancen.

15. cxd6

15. ... cxd6

Ein Punkt. Ziehen Sie zwei ab, wenn Sie mit der Dame genommen haben, was eine chronische Schwäche in Gestalt Ihres Bauern c7 schafft.

16. Sc4

16. ... Dd8

Drei Punkte. Ein weiterer Rückzug, und wieder ein guter Zug. Zusätzlich zur

Deckung des a-Bauern bewacht die Dame das Feld b6. Das natürliche 16. ... Sc5 (kein Punkt, tut mir leid) wäre durchaus nicht glänzend: 17. Ta3! mit der Folgedrohung b4 gewinnt einen Bauern und vertreibt den Springer von c5. Ein weiterer Punkt dazu, wenn Sie auf diesen kraftvollen Zug kamen.

17. a3

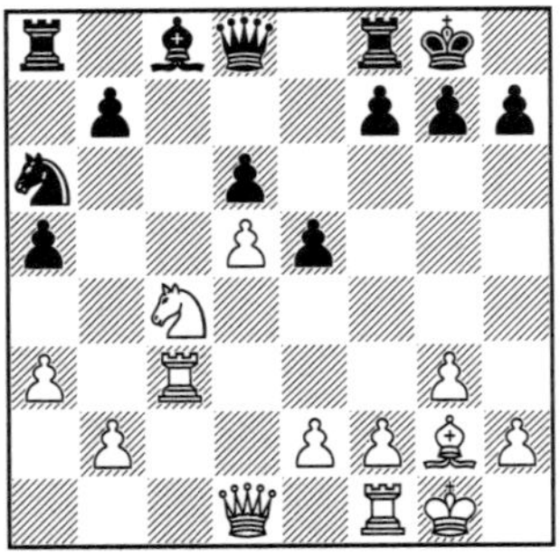

17. ... b5!

Vier Punkte. Ergreift die Initiative am Damenflügel. Wieder einmal wäre 17. ... Sc5 kein guter Zug: 18. b4 axb4 19. axb4 Sa4 20. Ta3! b5 21. Sa5 mit Zielrichtung c6 ist vorteilhaft für Weiß.

18. Sd2

18. ... Ld7

Zwei Punkte. Eine konsequente Folge, die die Schwerfiguren auf der Grundreihe verbindet.

19. Db1

19. ... b4

Drei Punkte. Schreiben Sie sich auch einige Punkte gut, wenn dies im letzten Zug Ihre Wahl war. Dies ist der kraftvollste Weg, um weiterzukommen. Wenn Schwarz einen weiteren Entwicklungszug macht, sagen wir 19. ... Db6 (zwei Punkte), dann stoppt 20. b4! die weitere Expansion am Damenflügel. Selbst diese Position scheint freilich ein wenig besser für Schwarz: Der weiße b-Bauer ist schwach, die schwarze Position dagegen wie Granit.

20. axb4

20. ... axb4

Zwei Punkte. Nur ein Punkt für 20. ... Sxb4, was Weiß Zeit zum Luftholen gibt.

21. Tcc1

21. ... Sc5

Zwei Punkte. Wenn Sie voraussahen, schon als Sie 11. ... Sb8 und 13. ... a5 spielten, daß der Springer auf diesem Feld landen würde, dann drei Bonuspunkte für Sie. Dieser Springer ist der Nagel, der die schwarze Stellung zusammenhält, und ohne ihn würde die Struktur auseinanderfallen. Ab hier ist Weiß in Kalamitäten: es gibt nichts, was er angreifen kann, und Schwarz kann in Ruhe seine Reserven heranbringen.

22. Se4

22. ... Lf5!

Zwei Punkte. Es ist unentbehrlich, den Springer auf c5 zu behaupten; ziehen Sie also einen Punkt ab, wenn Ihre Wahl 22. ... Sxe4 war, was die beste schwarze Figur abtauscht.

23. Tc4

23. ... b3

Drei Punkte. Das übereilte 23. ... Lxe4? ließe Schwarz mit einer ruinierten Stellung nach 24. Lxe4 zurück; sowohl hwie b-Bauer sind angegriffen. Es gibt nur einen Weg, keinen zu verlieren: 24. ... Sxe4 25. Dxe4 f5 26. Dc2 und die weiße Kontrolle der c-Linie gibt ihm klaren Vorteil. Nun sehen Sie, wie wichtig es ist, diesen Springer zu behalten. Genauso wäre 23. ... Db6?? (fünf Punkte Abzug) nicht allzu gescheit: 24. Sf6+ verdirbt eine Menge guter Arbeit. Schließlich ist 23. ... Tb8 (ein Punkt) vernünftig, aber ohne große Idee.

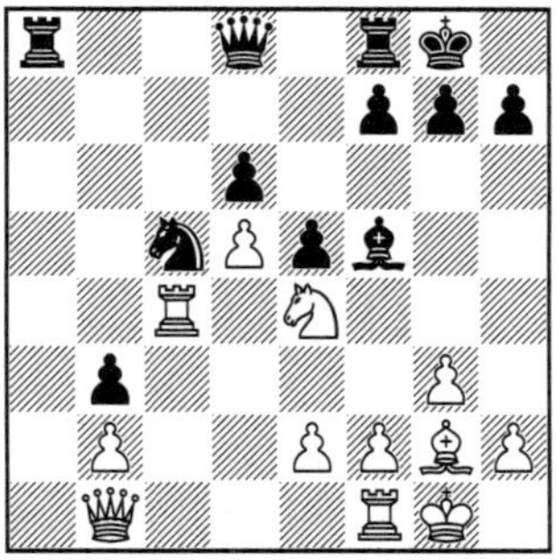

24. Dc1

24. ... Lxe4

Zwei Punkte. Keinen Punkt für etwas anderes - dieser Zug ist erzwungen.

25. Lxe4

25. ... f5

Zwei Punkte.

26. Lg2

26. ... Da5

Zwei Punkte. Es ist Zeit, die schwere Artillerie einzusetzen. Ebenfalls zwei für 26. ... Db6. Buchen Sie auch zwei Punkte, wenn Sie eins von beiden im vorigen Zug spielen wollten. Nun, da der Springer fest verwurzelt steht, ist es nicht ganz so notwendig, mit der Zugfolge genau zu sein.

27. h4

Augenscheinlich hat Weiß keinen konstruktiven Plan zur Verfügung.

27. ... Db5

Vier Punkte. Ein feiner "Anschleichzug", um Kotows Terminologie zu benutzen. Die Dame zielt auf einige empfindliche Stellen in der weißen Position und bereitet die Verwendung des Turms auf der a-Linie vor.

28. Dc3

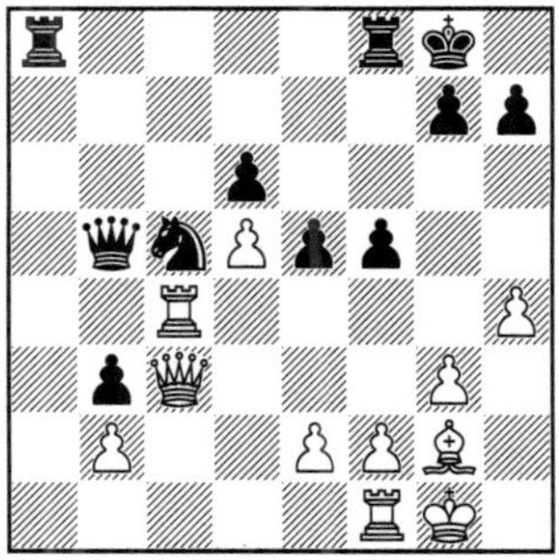

28. ... Sa4!

Drei Punkte. Erzwingt die Abwicklung in ein gewonnenes Endspiel. Es gibt noch andere gute Züge in der Stellung: zwei Punkte für 28. ... Ta2 und 28. ... Ta4.

29. Db4

29. ... Dxb4

Ein Punkt.

30. Txb4

30. ... Tfb8

Zwei Punkte. Am klarsten. 30. ... Sc5 (ein Punkt) erlaubt Weiß eine Spur Gegenspiel mit 31. Tb6.

31. Txb8+

31. ... Txb8

Ein Punkt.

32. Tb1

32. ... Tc8

Drei Punkte. Greift nach der offenen Linie. Einen für 32. ... Kf7, aber der Turmzug trifft viel mehr den Kern der Stellung.

33. Lh3

33. ... g6

Ein Punkt.

34. e4

34. ... Tc2

Ein Punkt.

35. Ta1

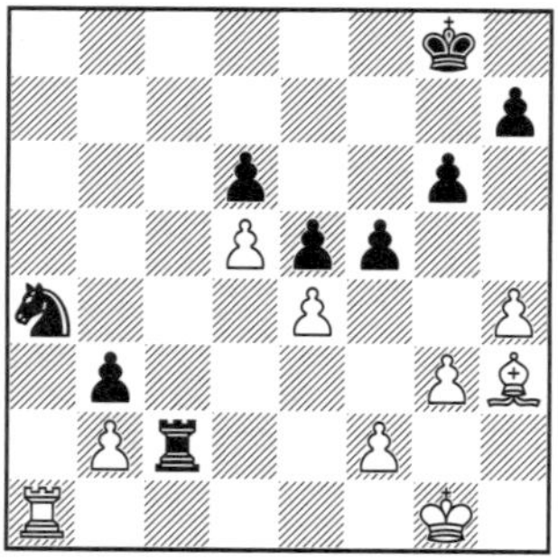

35. ... Sc5!

Drei Punkte. 35. ... Sxb2 (ein Punkt) gewinnt auch, aber den Springer auf sein Idealfeld zurückzuziehen ist am wirksamsten, um nicht zu sagen der eleganteste Weg, die Partie zu entscheiden.

36. exf5

36. ... Txb2

Ein Punkt. Ein Fehler wäre, den weißen Läufer ins Spiel eingreifen zu lassen mit 36. ... gxf5.

37. fxg6

37. ... hxg6

Ein Punkt.

38. Le6+

38. ... Kf8

Zwei Punkte. Den Läufer zu nehmen kompliziert die Dinge unnötig: 38. ... Sxe6 39. dxe6 Ta2 40. Tb1 b2 41. Kg2 und Weiß wehrt sich noch. Ein Punkt für 38. ... Kg7, was ungefähr dasselbe wie in der Partie sein sollte, vorausgesetzt daß es nicht Ihre Absicht war, 39. Ta7+ mit 39. ... Kf6 zu beantworten.

39. Ta8+

39. ... Ke7

Ein Punkt. Hier verlor Weiß durch Zeit, aber in jedem Fall kann er nicht mehr viel tun, um den b-Bauern zu stoppen.

Partie 14: Klassische Originalität

Je mehr ich Wassili Iwantschuks Partien betrachte, umso mehr glaube ich, daß er der stärkste Spieler der Welt werden könnte. Obwohl von Grund auf ein klassischer Spieler, haben die Partien Iwantschuks oft einen Anflug von Originalität an sich, der ihn selbst auf höchstem Niveau als etwas Besonderes heraushebt. Sein Stil steht in starkem Kontrast zum Pragmatismus der 1970er und frühen 1980er Jahre, indem er danach strebt, die Wahrheit in einer Stellung zu finden und weniger einen Zug zu machen, der eben "gut aussieht".

Unähnlich den meisten Spitzenspielern spezialisiert sich Iwantschuk nicht auf eine Handvoll Lieblingseröffnungen, wie es etwa Kasparow mit dem Königsinder und Najdorf macht, sondern spielt stattdessen eine ganze Vielfalt von Systemen. (Computerdatenbanken setzen einen instande, sehr schnell einen großen Teil an Informationen aufzunehmen; so mag dies ein wachsender Trend sein.) Auch wenn man dies sagt, könnte man ihm nicht vorwerfen, ein Sklave der Theorie zu sein, denn er entdeckt so viele neue Ideen in der Eröffnung.

Beachten Sie, daß ich im ersten Satz sagte, er "könnte" der stärkste Spieler der Welt werden. Er hat vielleicht einen fatalen Fehler: schwache Nerven. Der tragischste Fall diesbezüglich war sein Scheitern, den Sieg im Kandidatenmatch gegen Jussupow 1991 sicherzustellen. Wenn er diese Schwäche überwinden könnte, glaube ich, würde er es bis ganz an die Spitze bringen. Es ist freilich ein sehr großes "wenn".

Iwantschuks Gegner in dieser Partie ist ein Internationaler Meister aus Spanien.

Iwantschuk - Pomes
Terrassa 1991
Holländische Verteidigung

1. d4 f5 2. g3 Sf6 3. Lg2 g6 4. Sh3 Lg7 5. Sf4 0-0 6. 0-0 De8 7. Sc3 c6 8. e4 fxe4 9. Sxe4 Sxe4 10. Lxe4 d5 11. Lg2 Sa6 12. c3 Df7

Beginnen Sie nun, die weißen Züge vorherzusagen.

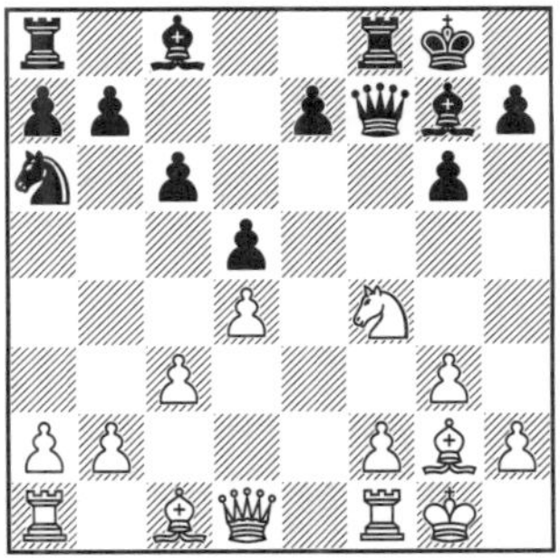

13. Sd3

Fünf Punkte. Die Ziele für beide Seiten sind klar: Weiß bemüht sich, das Feld vor dem rückständigen schwarzen e-Bauern zu beherrschen und dann zu besetzen; Schwarz möchte gern den Durchbruch e5 in Szene setzen, was ihm den größeren Anteil im Zentrum ließe dank des starken Bauern d5. In diesem Zusammenhang macht der Springerzug völlig Sinn.

Für einen Entwicklungszug wie 13. Le3 null Punkte, da Schwarz 13. ... e5! 14. dxe5 Lxe5 spielen kann, was seine Stellung befreit. 13. Te1 ist besser motiviert, aber ich würde diesen Zug prinzipiell nicht erwägen: da Dame und Turm von Schwarz gegen f2 aufmar-

schiert sind, sieht es einfach zu riskant aus, seine Deckung aufzugeben (null Punkte).
13. De2 (ein Punkt) ist nicht schlecht.

13. ... Lf5

14. Lf4

Drei Punkte. Schwarz hatte seine strategische Drohung erneuert. Wenn z.B. 14. De2, dann 14. ... Lxd3 15. Dxd3 e5. Die einzige andere Methode, e5 zu verhindern, war 14. f4, aber das ist plump. Der Läufer c1 wird eingesperrt und einige weiße Schlüsselfelder (e4, g4) werden schwach. Einerlei, ein Punkt.

14. ... g5

15. Se5

Drei Punkte. Die konsequenteste Fortsetzung, die die Kontrolle über e5 behält.
Zwei Punkte für 15. Le5, was wunderbar wäre, falls Schwarz 15. ... Lxe5 16. Sxe5 spielen und Weiß totale Kontrolle geben würde, aber 15. ... Lxd3 ist richtig: 16. Dxd3 Lxe5 17. dxe5. Schwarz hat keine Probleme mehr in der e-Linie, aber sein König ist etwas exponiert. Die Stellung ist unklar.
Zwei Minuspunkte für 15. Lxg5, was nach 15. ... Dg6 eine Figur verliert.

15. ... Lxe5

16. Lxe5

Ein Punkt.

16. ... Dg6

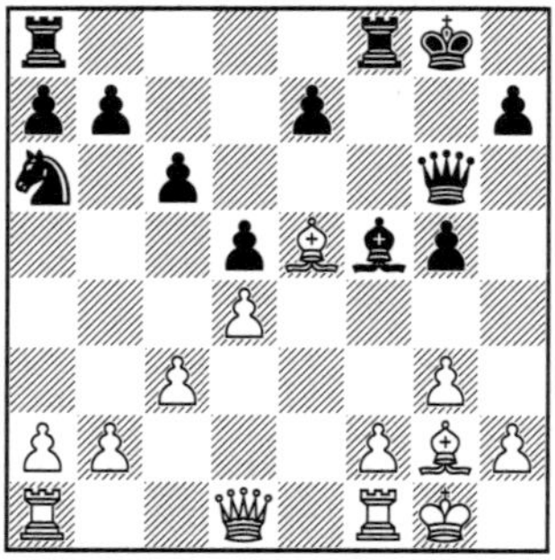

17. g4

Sechs Punkte. Ein außergewöhnlicher Zug. Weiß hat bereits einen angenehmen Vorteil gesichert (betrachten Sie nur den unangefochtenen Läufer e5) und hätte recht vernünftig mit Zügen wie 17. Dd2 oder 17. Te1 (zwei Punkte für beide) fortsetzen können, was den Aufbau von Druck in der e-Linie vorbereitet; mit anderen Worten wäre es für Weiß ganz in Ordnung gewesen, die automatische Steuerung einzuschalten, um ohne viel Nachdenken die Standardzüge zu spielen.
Aber Iwantschuk sucht weiter den exaktesten Zug in der Position. Er erkennt, daß die beste schwarze Figur der Läufer f5 ist, und in der Tat, wenn dieser dort mit Zügen wie g4, h5 und e6 zementiert werden kann, wird die weiße Aufgabe, am Königsflügel durchzubrechen, schwierig; also vertreibt 17. g4 den Läufer. Weiß kann es sich leisten, einen Bauern vor dem König aufzuziehen, weil der Läufer e5 so viele wichtige Felder kontrolliert.

17. ... Le4

18. Lxe4

Drei Punkte. Iwantschuk zieht vor, den

Schwung beizubehalten, statt 18. f3 (ein Punkt) zu spielen, was auch nicht schlecht ist. In diesem Fall jedoch hätte Schwarz ein wenig mehr Zeit, seine Figuren umzugruppieren: 18. ... Ld3 19. Te1 Sb8! 20. Te3 (20. Lxb8 Taxb8 21. Txe7 Tfe8 mit guter Kompensation für den Bauern) 20. ... La6 21. Dd2 Sd7 22. Tae1 Tf7 23. Lg3 Dg7. Schwarz hat es geschafft, seine Stellung zusammenzuhalten, und droht Sf8-g6-f4.

18. ... Dxe4

19. Te1

Drei Punkte. Die Dame muß herausgejagt werden.

19. ... Dg6

20. Db3

Vier Punkte. Die zwingendste Fortsetzung. Es ist wichtig, die Türme zu verbinden, und Weiß erreicht dies mit Tempogewinn; mehr noch, die Deckung des b-Bauern ist schwierig.

20. Te3 (zwei Punkte) mit der simplen Idee De2 und Te1 ist auch stark.

20. ... Df7

21. f4

Vier Punkte. Offensichtlich bei 20. Db3 vorausgesehen. Die einzig annehmbare Alternative war 20. Lg3 (ein Punkt), aber solch ein ärmlicher Rückzug ist nicht im Geist von 20. Db3.

21. ... e6

Der Bauer auf b7 mußte gedeckt bleiben: falls stattdessen 21. ... gxf4 22. Dxb7 f3 23. Kf2!, was der schwarzen Aktivität am Königsflügel ein Ende macht; und dann ist der Springer auf a6 nicht zu retten.

22. Tf1

Zwei Punkte. Rettet den Bauern und bringt zugleich den Turm auf die offene Linie.

22. ... gxf4

23. Txf4

Ein Punkt.

23. ... Dd7

24. Taf1

Zwei Punkte.

24. ... Txf4

25. Txf4

Ein Punkt.

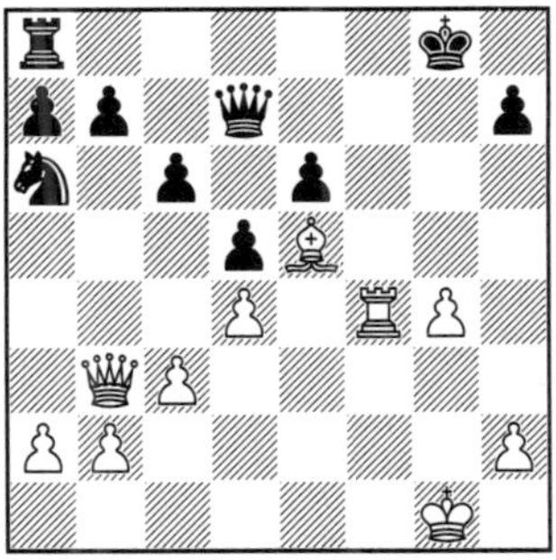

25. ... c5

26. Dc2

Drei Punkte. Die Dame hat ihren Zweck auf b3 erfüllt und schielt nun nach dem offenen schwarzen Königsflügel. Dasselbe für 26. Dd1. Zwei Punkte Abzug für 26. dxc5, was nur den Springer ins Spiel zurückbringt: 26. ... Sxc5 und als nächstes 27. ... Se4, die ganze Partie hat sich gedreht.

26. ... cxd4

27. g5

Fünf Punkte. Wieder ein Kraftzug. Wäre es Iwantschuks Absicht gewesen, einfach auf d4 wiederzunehmen, hätte er die Dame auf d1 gestellt: 27. cxd4 Tc8 gewinnt ein nützliches Tempo. Trotzdem ein Punkt für 27. cxd4. Statt dessen sieht 27. Lxd4 (ein Punkt) auf den ersten Blick fürchterlich stark aus. Weiß droht, die Dame in den Angriff zu bringen (über e2 und e5 z.B.), und es scheint, daß Schwarz wenig dagegen tun kann; Turmtausch hilft nicht, da der a-Bauer einsteht. In Wahrheit gibt aber 27. ... Sb8!! Schwarz gute Chancen, die Stellung zu halten; von c6 wird das Biest den Läufer angreifen und Feld e5 kontrollieren.

27. ... Tf8

Nach 27. ... dxc3 reißt 28. g6 den Königsflügel auf.

28. Txf8+

Ein Punkt.

28. ... Kxf8

29. cxd4

Ein Punkt.

29. ... Dc6

30. Dxc6

Vier Punkte. Eine exzellente Entscheidung. Um zu verstehen, warum Weiß die Damen tauschte, ist es zuerst notwendig, richtig einzuschätzen, was seine Vorteile in dieser Position sind. Erstens hat er die bessere Leichtfigur: der schwarze Springer sitzt am Rand in der Falle, während der Läufer vom Zentrum des Bretts aus dominiert. Zweitens kann Weiß leicht einen Freibauern am Königsflügel schaffen; da der schwarze Mehrbauer im Zentrum blockiert ist, bedeutet dies effektiv, daß Weiß einen Plusbauern hat. Durch den Damentausch reduziert Weiß die Position auf genau diese Elemente, und das reicht aus, den Gewinn zu erzwingen. 30. Df2+ (ein Punkt) war verlockend, aber nicht ganz so klar. Wenn Schwarz 30. ... Ke8 spielt, wird er nicht matt und kann auf einiges Gegenspiel mit der Dame hoffen.

Nichts für 30. Dxh7 Dc1+ 31. Kf2 Dxg5 mit Gegenspiel.

30. ... bxc6

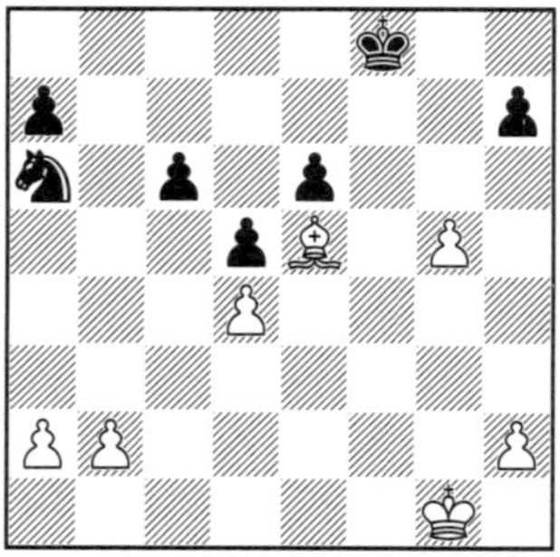

31. h4

Drei Punkte. Setzt die Mehrheit in Marsch.

31. ... Kf7

32. Ld6

Vier Punkte. Der Schlüsselzug. Der Springer wird völlig beherrscht.

32. ... Kg6

33. Kf2

Ein Punkt. Dasselbe für 33. Kg2.

33. ... e5

Ein verzweifelter Versuch, die weiße Umklammerung zu brechen. Wie hätten Sie als Antwort auf 33. ... Kf5 gespielt?

34. b4 (ein Punkt) ist korrekt, mit der Idee a4 und b5, was den Springer gewinnt.

34. dxe5
Ein Punkt. Zwingender als 34. Lxe5.
34. ... Kf5
Falls 34. ... c5, so 35. e6.
35. b4
Ein Punkt. Dasselbe für 35. Kf3. Nach 35. ... c5 36. a3 d4 37. b3 gehen Schwarz die Züge aus; er muß seinen König zurückziehen, und die Partie ist verloren: 37. ... Ke6 38. h5 und falls 37. ... Kg6 38. e6.
35. ... c5
36. Lxc5
Ein Punkt. Viel einfacher als 36. bxc5 Sb4 und Schwarz hält sich ein wenig länger.
36. ... Kxe5
Das Bauernendspiel ist verloren: 36. ... Sxc5 37. bxc5 Kxe5 38. h5 und Schwarz kann nicht beide Freibauern stoppen.
37. a3
Zwei Punkte. Ein kaltblütiger Zug. Der Läufer kann weiter nicht genommen werden, somit ist der Gewinn eines zweiten Bauern sicher.
37. ... Sc7
38. Lxa7
Ein Punkt.
38. ... Sb5
39. Lb8+
Ein Punkt.
39. ... Ke4
40. h5
Ein Punkt. Freibauern sollen laufen; besonders wenn sie nicht zu erwischen sind.
40. ... Sd4
Falls 40. ... Kf5 41. g6 hxg6 42. h6 Kf6 43. Le5+ Kxe5 44. h7.
41. g6
Ein Punkt. Hier **gab Schwarz auf**, weil nach 41. ... hxg6 42. h6 der Bauer nicht zu stoppen ist.

Partie 15:
Der größte Kämpfer

Samuel Reshewsky starb am 4.April 1992 mit 80 Jahren. Er muß die längste aktive professionelle Karriere aller Schachspieler gehabt haben - 75 Jahre. In Polen geboren, reiste er durch Europa als Wunderkind, das Simultanvorstellungen gab; und er spielte aktiv direkt bis zu seinem Tod.
Reshewsky spielte, und schnitt herausragend ab, in einigen der größten Turniere der Schachgeschichte: 3.-5. Nottingham 1936; 3.-4. im WM-Turnier 1948; geteilter 2. im Züricher Kandidatenturnier 1953; geteilter 1. mit Kortschnoi in Buenos Aires 1960 vor einem Dutzend Großmeister, inklusive Bobby Fischer; und US-Champion bei zahlreichen Gelegenheiten - zum letzten Mal 1984 im Alter von 73.
Er besaß eine gewaltige Matchbilanz. Zweimal schlug er Najdorf, 1952 und 1953, und Gligoric 1952, um seinen Status "Bester Spieler des Westens" zu bestätigen; und dann gab es das berüchtigte Match mit Fischer 1961, abgebrochen bei 5:5 nach einem Streit.
In individuellen Treffen schlug er sieben Weltmeister: Lasker, Capablanca,

Aljechin, Euwe, Botwinnik, Smyslow und Fischer. Allein diese Liste bezeugt seine bemerkenswerte Zähigkeit und Langlebigkeit.

David Bronstein stellte vor einer Reihe von Jahren in einem Gespräch mit englischen Junioren Reshewsky als den größten Kämpfer heraus, den er je kannte. Er spielte immer auf Gewinn; Remisangebote wurden nur zu psychologischen Zwecken gemacht, wenn er schlechter stand. Reshewskys Entschlossenheit, die ihn befähigte, in zweifelhaften Stellungen zurückzufighten oder selbst bei geringen Erfolgsaussichten um den Sieg zu kämpfen, war zweifellos seine größte Stärke; aber paradoxerweise auch die Wurzel seiner größten Schwäche: Zeitnot.

In seinem superben Buch über das Kandidatenturnier 1953 macht Bronstein (wieder) einige aufschlußreiche Kommentare. Reshewsky spielt gegen Euwe und hat gerade riskant einen Bauern gegriffen: "Nicht jeder würde beschließen, solch einen Bauern zu nehmen...Aber Reshewsky ist bereit, wenn er eine Gewinnchance sieht, zwei Stunden und 25 Minuten darüber nachzudenken, wenn das bedeutet, daß er dann diese Chance ausbeuten und einen Gewinn herausarbeiten kann." Er gewann denn auch die Partie.

Reshewskys gewaltige Kampfbereitschaft führte manchmal zu dem, was man "Hasardspiel" nennen könnte. Wieder zitiere ich Bronstein, der die Partie Reshewsky - Kotow, Kandidatenturnier 1953 kommentiert.

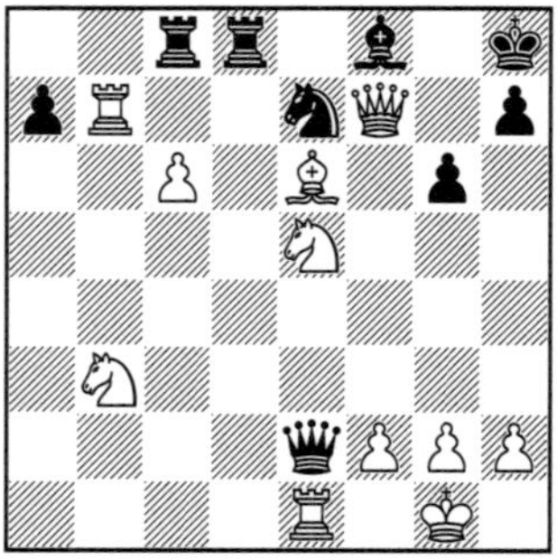

Kotow, in verlorener Stellung, hat einen blendenden Schwindel gefunden. Sein letzter Zug war 34. ... Dd3-e2!; falls nun 35. Tf1 Td1 36. Sd2 Dxd2. Bronstein beschreibt die Szene wunderbar: "Reshewsky nahm den Kopf in seine Hände, schaute nervös auf sein Fähnchen (das jeden Moment zu fallen drohte) und die Stellung, und nahm den Läufer mit Schach. Dann fragte Reshewsky, wie viele Züge gemacht waren (was kein akzeptables Großmeisterbenehmen ist) und bekam Antwort von einem der Zuschauer (was nun wirklich regelwidrig ist)." Reshewsky schaffte die Zeitkontrolle, und Kotow gab richtigerweise auf.

Seine Hartnäckigkeit und sein Kampfgeist nahmen im Alter kaum ab. Ich traf ihn erstmals beim Reykjavik Open 1984, welches, im nettestmöglichen Sinn, ein unglaublich blutdürstiges Ereignis war. Er kam als geteilter Erster ein. Ich erinnere mich stets an die Schlußfeier, als die ersten Preisträger Reshewsky, Jon Arnason und Johann Hjartarson auf der Bühne einen donnernden Applaus erhielten. Die zwei großen Isländer auf beiden Seiten des kleinen Sammy stehend, jeder auf eine Schulter klopfend, gaben ein komisches, aber ziemlich bewegendes Bild ab.

Noch einen Monat vor seinem Tod spielte er ein Veteranenturnier in Moskau, gefolgt von einem kurzen Match mit Smyslow. Das Resultat: 2:2, alle Partien wurden entschieden.

Die Partie, die ich ausgewählt habe, stammt aus dem WM-Turnier 1948, das Botwinnik, hier sein Gegner, schließlich gewann. Es ist ein typisch mutiger Kampf von Reshewsky.

Botwinnik - Reshewsky
WM-Turnier Moskau 1948
Nimzoindische Verteidigung

1. d4 Sf6 2. c4 e6 3. Sc3 Lb4 4. e3 c5 5. a3 Lxc3+ 6. bxc3 Sc6 7. Ld3 0-0 8. Se2 b6 9. e4

Nun versuchen Sie, die schwarzen Züge vorherzusagen.

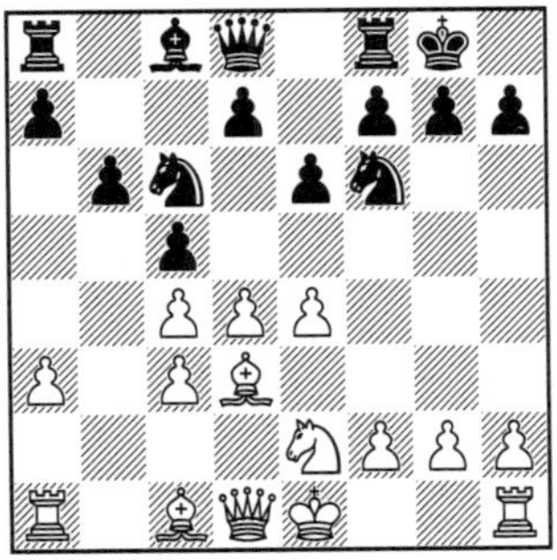

9. ... Se8!

Vier Punkte. Ein schwieriger Zug zum Anfang.

9. ... d6 (ein Punkt) ist ein solider Zug - aber ihm fehlt der Sinn für die drohende Gefahr. Nehmen wir z.B. die Fortsetzung der Partie Gligoric - Lokvenc, 1949: 10. 0-0 La6 11. f4 Sa5 12. f5! Sd7 (12. ... Lxc4 13. Lg5! ist eine tödliche Fesselung) 13. f6! gxf6 14. Lh6 mit entscheidendem Angriff. Oder alternativ 10. ... Se8 11. f4 La6 12. f5 e5 13. f6! Kh8 14. d5 Sa5 15. Sg3, und der weiße Angriff kam zu einem raschen Schluß in der berühmten Partie Bronstein - Najdorf, Budapest 1950.

Aus diesen Fragmenten können wir die Ziele beider Seiten erkennen: Weiß versucht, am Königsflügel Linien für seine Läufer und Schwerfiguren aufzusprengen; Schwarz hat es auf den schwachen Bauern c4 abgesehen, der nach La6 und Sa5 so gut wie unhaltbar ist. Das Problem für Schwarz ist, daß er selbst wenn seine Strategie glückt, leicht die Partie verlieren kann. Daher ist an irgendeinem Punkt etwas Eindämmung am Königsflügel notwendig.

10. Le3

10. ... d6

Ein Punkt. Der am natürlichsten aussehende Zug, aber es könnte sogar noch besser sein, den Bauern einfach hängenzulassen und mit dem Standardplan fortzufahren. Z.B.: 10. ... La6 (zwei Punkte) 11. dxc5 bxc5 12. Lxc5 d6 13. Ld4 Da5 14. 0-0 Se5 15. Lxe5 dxe5 und die weißen Damenflügelbauern sind nicht mehr lang auf der Welt. Natürlich braucht Weiß nicht auf c5 zu nehmen, aber dann erweist sich d6 wieder nicht als streng notwendig. 10.

... Sa5 ist auch möglich (zwei Punkte); die Fortsetzung der Partie Lehmann - Janata, 1969 zeigt in ähnlicher Weise, daß es die Initiative wert ist, dafür einen Bauern zu opfern: 11. dxc5 Dc7 12. cxb6 axb6 13. c5 bxc5 14. 0-0 La6 mit ausgezeichneter Stellung.
Null Punkte für 10. ... cxd4; dies gibt Weiß die Möglichkeit, das Problem seines c-Bauern mit einem rechtzeitigen Vorstoß c5 zu lösen.

11. 0-0

11. ... Sa5

Zwei Punkte für dies oder für 11. ... La6, was den nimzoindischen Standardplan des Angriffs gegen c4 ausführt. Schwarz hat einen anderen Plan zur Verfügung: 11. ... e5, was die Zentralbauern blockiert und so die Reichweite der weißen Läufer beschränkt. Im Vergleich mit anderen Nimzo-Varianten bin ich nicht sicher, ob diese Idee hier ebenso gut ist: Weiß steht schon bereit, den f-Bauern vorzutreiben, also nur ein Punkt.

12. Sg3

12. ... La6

Ein Punkt. Es gibt keinen Grund, sich vom Weg abbringen zu lassen.

13. De2

13. ... Dd7

Drei Punkte. Ein Vielzweckzug. Die offensichtlichste Idee ist, die Dame nach a4 zu spielen, um den Druck gegen c4 zu erhöhen. 13. ... Tc8 (mit der Absicht cxd4 nebst Lxc4) wäre nicht so gut: Weiß schließt das Zentrum mit 14. d5, und dann ist alles bereit, den f-Bauern nach vorn zu werfen.
13. ... cxd4 (ein Punkt) ist interessant: 14. cxd4 Tc8 15. Tac1, aber es gibt keine passende Fortsetzung.

14. f4

Der Moment der Wahrheit ist gekommen. Wie werden Sie mit dem Vorstoß des f-Bauern fertig?

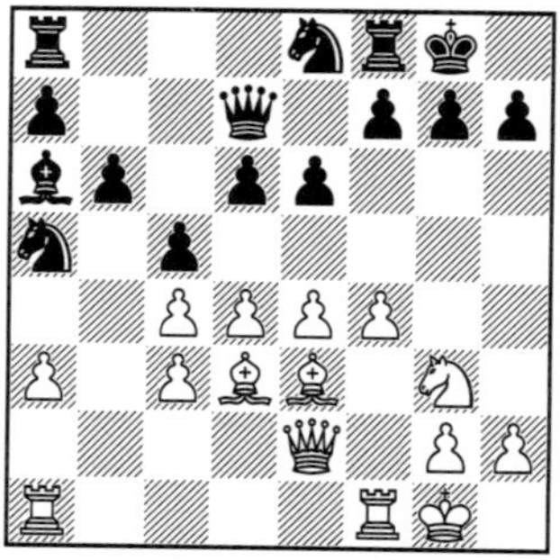

14. ... f5!

Fünf Punkte. Das war Reshewskys Absicht, seit er 9. ... Se8 spielte. (Daneben war dies die andere Hauptidee von 13. ... Dd7 - f5 zu unterstützen.) Mit dem sicher blockierten Bauern auf f4 ist die Reichweite der weißen Läufer ernsthaft beschränkt.
14. ... Da4 ist in der Tat sehr riskant. Nach 15. f5! hat Schwarz alle Chancen, niedergemacht zu werden. Wenn dies Ihre Absicht war, gebe ich Ihnen einen Punkt für Ihre Courage.

15. Tae1

15. ... g6

Zwei Punkte. Es ist notwendig, f5 zu verstärken; Weiß bereitete d5 vor. Zwei Punkte Abzug, falls Sie auf e4 oder d4 tauschten. Ich habe schon genug gesagt über die Notwendigkeit, die Läufer (und den Rest der weißen Figuren) hinter den Bauern eingeschlossen zu halten. Diese Züge würden nur all die angestaute Energie entfesseln.

16. Td1

Natürlich wäre es besser gewesen, dies einen Zug früher zu spielen.

16. ... Df7

Zwei Punkte. Ein sehr gescheiter Zug. Sobald der Turm in Opposition zur Dame kommt, ist es Zeit, die Stellung zu wechseln. 16. ... Da4 (ein Punkt) wäre ziemlich leichtsinnig: 17. d5! Lxc4 (17. ... exd5 18. exf5! ruiniert den schwarzen Königsflügel) 18. dxe6 Lxe6 19. exf5 Lxf5 und wie Weiß nun auch immer auf f5 nimmt, hat er gute Angriffschancen für den Bauern; die schwarze Dame hat sich zu weit vom Königsflügel entfernt.

17. e5

Wie hätten Sie hier 17. d5 beantwortet?

Einen Punkt dazu bekommen Sie für 17. ... Sg7!; falls dann 18. e5 Tad8! - es ist nicht nötig, schon jetzt zu tauschen, in der Tat könnte Schwarz sogar einen weiteren Vorbereitungszug Tfe8 machen, bevor er das Zentrum demoliert; Weiß kann nichts tun. Eine instruktive Variante.

Einen der Bauern zu nehmen wäre ein schwerer Fehler: 17. ... exd5 18. exf5 zerstört den schwarzen Königsflügel; 17. ... fxe4 18. Sxe4 exd5 19. cxd5 Lxd3 20. Dxd3, drohend Se4-g5-e6, ist peinlich.

17. ... Tc8

Zwei Punkte. Keinen für 17. ... dxe5? 18. fxe5!, was die Läuferdiagonale nach h6 öffnet und Weiß die Möglichkeit Se4!? zugesteht. 17. ... cxd4? ist ebenfalls schlecht: 18. Lxd4! ist sehr bedrohlich.

18. Tfe1

18. ... dxe5!

Drei Punkte. Genau im richtigen Moment. Wenn Sie trotz meiner wiederholten Warnungen den c-Bauern geschnappt haben, 18. ... cxd4 19. Lxd4 Lxc4?? 20. exd6 und De5, dann fünf Punkte Abzug. Statt 19. ... Lxc4?? ist 19. ... Sc6! kein schlechter Zug (zwei Punkte, wenn dies Ihre Absicht war): 20. exd6 Sxd4 21. cxd4 Sxd6 ist ungefähr ausgeglichen.

19. dxe5

Wenn 19. fxe5, dann wäre es endlich gefahrlos gewesen, den c-Bauern zu nehmen: 19. ... cxd4 20. cxd4 Lxc4!.

19. ... Sg7

Zwei Punkte. Der vernünftigste Zug, der die zwei Türme verbindet.

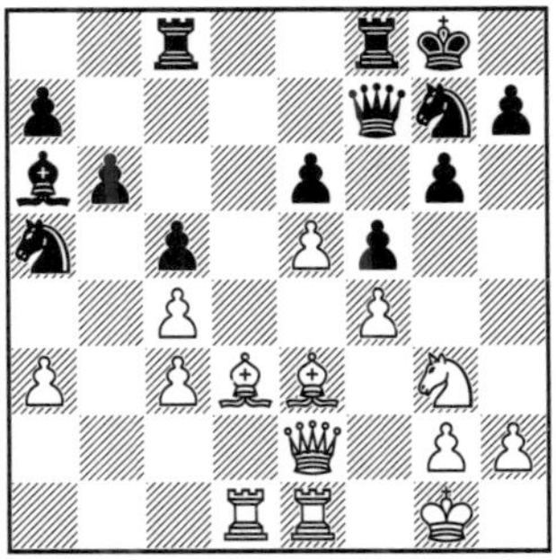

Ziehen wir Bilanz. Reshewsky hat die Eröffnungsschlacht klar gewonnen; der Königsangriff ist gut und wahrhaftig vereitelt; das Zentrum ist blockiert, was die weißen Läufer impotent macht; und noch mehr, Schwarz hat weiter chronischen Druck gegen c4. Ist dies eine Gewinnstellung für Schwarz? Wenn Weiß gleichgültig spielt, ja; aber Botwinnik findet einen guten Weg, seine Figuren umzugruppieren.

20. Sf1!

20. ... Tfd8

Ein Punkt.

21. Lf2

21. ... Sh5!

Drei Punkte. Aus heiterem Himmel drohte Weiß einen Läufer zu aktivieren. Auf der Diagonale h4-d8 wäre er sehr wirksam; er hindert Schwarz an der Verdopplung in der d-Linie, und würde die Stellung je aufgebrochen, könnte es rund um den schwarzen König ungemütlich werden. Die Bedrohung des f-Bauern verhindert wirksam dieses Manöver. Kein Punkt für andere Züge - dies war eine ernsthafte Drohung.

22. Lg3

Weiß hätte nach e3 zurückkehren können, aber das wäre ein Eingeständnis des Scheiterns gewesen. Dies ist besser, da der Springer nach e3 gehen kann, womit er c4 lebenswichtigen Schutz gibt.

Stattdessen wäre 22. g3 höchst unerwünscht. Warum?

Die Schwäche der langen Diagonale wäre höchst unangenehm für Weiß; es kostet Schwarz nicht allzuviel Mühe, eine Batterie mit Dame und Läufer aufzustellen. Ein weiterer Punkt, wenn Sie dies bemerkten.

22. ... De8

Zwei Punkte. Rückkehr zum alten Plan.

23. Se3

23. ... Da4!

Zwei Punkte. Es ist nicht nötig, den Läufer schon jetzt zu tauschen. Z.B. 23. ... Sxg3 24. hxg3 Da4 25. g4! und Weiß hätte ernstliches Gegenspiel.

24. Da2

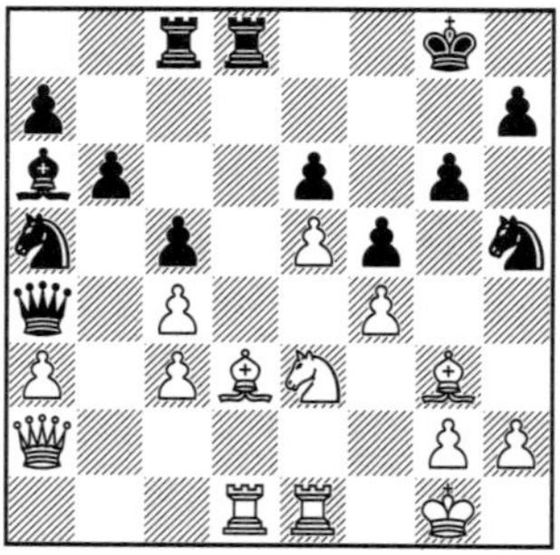

24. ... Sxg3

Ein Punkt. Nun, da die Dame von e2 wegzog, drohte der Läufer wieder nach h4 zu ziehen. Es gab einen anderen Zug, um den weißen Plan zu durchkreuzen. War jemand von Ihnen verrückt genug, hier an 24. ... g5 zu denken? Dies ist genau die Art Zug, die mich als Schachtrainer zur Verzweiflung bringt. Sie wenden einen halben Tag auf, über die tiefe schwarze Nimzoindisch-Strategie zu schwärmen, und dann wirft Ihr Schüler alles mit einem billigen Zweizüger weg. Die Idee ist natürlich 25. fxg5 f4 mit Figurengewinn. Genausogut wie all die verlockenden Opfer könnte Weiß einfach 25. Df2 spielen, um f4 zu befestigen. Der schwarze König steht sehr offen.

25. hxg3

25. ... h5

Zwei Punkte. Eine verständliche Entscheidung. Reshewsky hat die Sorge, daß Weiß g4 spielt, und schließt deshalb den Königsflügel ab. Dies gestattet Botwinnik jedoch eine Remischance. Er hätte nun 26. Lc2 spielen können, und wenn 26. ... Dc6, dann sperrt 27. a4! die Dame dauerhaft aus; 26. ... Lxc4 scheitert an 27. Lxa4 Lxa2 28. Ld7 Tb8 29. c4! Kf7 30. Td6 und e6 fällt.

Im Hinblick darauf empfiehlt Keres in seinen Anmerkungen zu dieser Partie, statt dessen Damentausch zu forcieren: 25. ... Db3 26. Dxb3 Sxb3, aber mir scheint dies viel zu gefährlich für Schwarz: 27. g4! Sa5 28. gxf5 gxf5 29. g4! fxg4 30. f5! oder 27. ... fxg4 28. Sxg4 Sa5 29. Sf6+ Kg7 30. Se4! und Sd6. Also nur ein Punkt für 25. ... Db3.

26. Le2?

Nun geht die Uhr für Schwarz wieder richtig.

26. ... Kf7

Ein Punkt.

27. Kf2

27. ... Db3

Vier Punkte. Dies ist der wichtige Zug, und in Wahrheit hätte er schon einen Zug früher gespielt werden sollen (vier Punkte mehr, wenn Sie eben dies taten). Ins Endspiel zu gehen ist der einzige Weg, Fortschritte zu machen.

28. Dxb3

28. ... Sxb3

Ein Punkt.

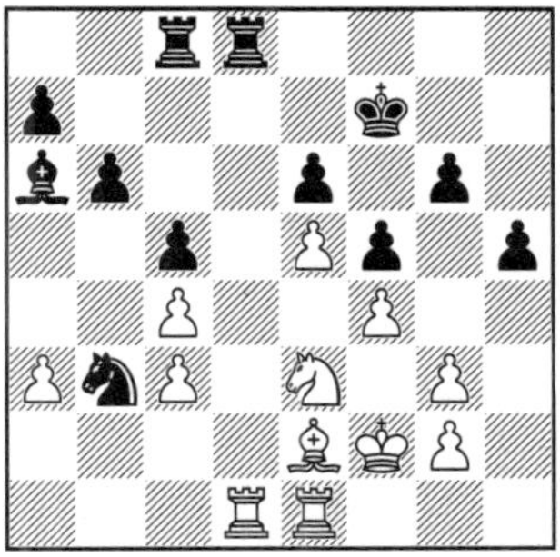

29. Ld3

Angenommen, Weiß hätte hier einfach abgewartet und 29. Sf1 gespielt (um Sd2 zu verhindern), wie würden Sie weiterkommen? Schwarz hat einen sehr tiefgründigen Plan; also nehmen Sie sich Zeit und versuchen Sie ihn zu finden.

Der Gewinnplan kann klar in Abschnitte unterteilt werden:

1. Den Springer nach a5 stellen, was Weiß zu Se3 zwingt.
2. Den König nach e7 bringen und alle Türme auf der d-Linie abtauschen.
3. Den König nach h6 überführen und g5 spielen.
4. Mit dem Springer auf b3 eindringen, und wenn möglich nach d2 und e4.

Wenn Weiß seinen König herüberspielt, um diesen Einmarsch zu stoppen, dann wird h4 den Weg für den schwarzen König öffnen. Weil die weißen Figuren an die Verteidigung von c4 gebunden sind, kann er nichts

tun, um die Ausführung des Schemas zu verhindern.
Schreiben Sie sich einen Punkt gut für jedes Stadium, das Sie sahen, bis zum Maximum von vier.

29. ... Ke7

Keine Punkte für diesen Zug! Einen für 29. ... Sa5, was Weiß in der Defensive hält.

30. Ke2

30. ... Sa5

Ein Punkt.

31. Td2

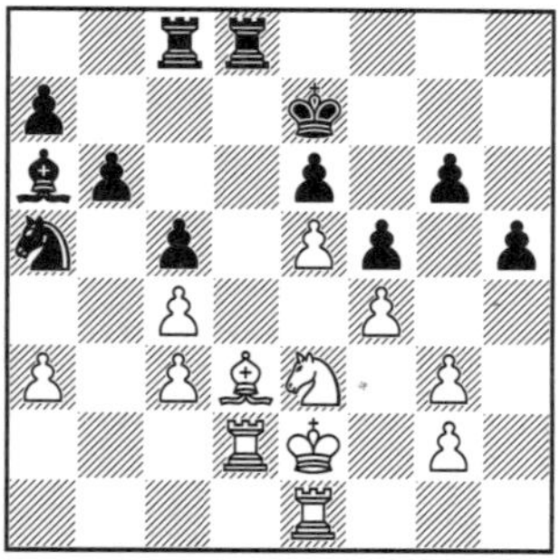

31. ... Tc7?

Auch für diesen Zug keine Punkte. In schwerer Zeitnot übersieht Reshewsky einen kolossalen Gegenschlag. Wenn einem Gegner nahezu Hände und Füße gebunden sind, läßt man sehr leicht in der Wachsamkeit nach, weil man den Punkt schon in der Tasche zu haben glaubt. Ich bin sicher, daß dies ein Teil der Erklärung für das Übersehen ist, nicht allein Reshewskys gewohnte Zeitnot.
Wenn Sie das folgende Bauernopfer sahen und 31. ... Kf7 spielten, Reshewskys 29. Zug zurücknehmend, dann fünf Punkte für Sie. Der Gewinn wäre dann ziemlich leicht: in der d-Linie verdoppeln, und irgendetwas muß fallen (vielleicht mit einer kleinen Nachhilfe, z.B. La6-b7-c6-a4 - angenommen, daß der Turm auf d1 ist.)

32. g4!

Eine brillante Ressource.

32. ... Tcd7

Zwei Punkte. Einer sowohl für 32. ... hxg4 33. Th1! mit gutem Gegenspiel auf der h-Linie und auch für 32. ... fxg4 33. Lxg6 mit guten Remischancen.

33. gxf5

33. ... gxf5

Ein Punkt. Natürlich nicht 33. ... Lxc4 34. f6+! Kf7 35. Ted1.

34. Ted1

Der entscheidende Fehler. Im russischen Buch über die WM 1948 gibt Keres einige detaillierte Analysen, um zu zeigen, daß 34. Tdd1! zum Remis führt. Eine plausible Variante ist 34. ... Kf7 35. Th1 Kg6 36. Thg1! (drohend g4) 36. ... Kf7 37. Th1 mit Remis durch Zugwiederholung.

34. ... h4!

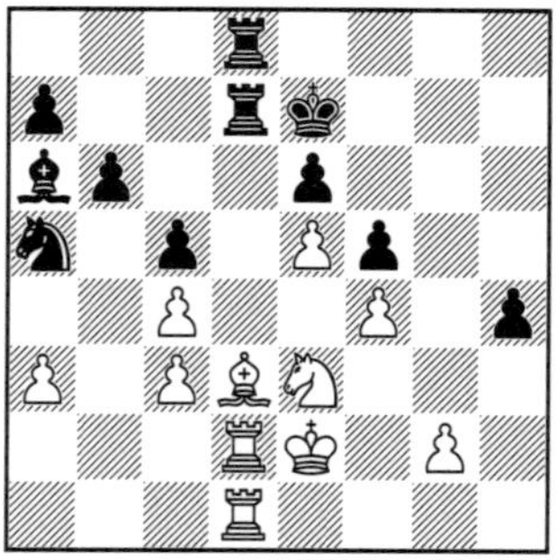

Zwei Punkte. Weiß ist in Zugzwang:

jeder Zug mit einer Figur führt zu Materialverlust. 35. Th1 scheitert an 35. ... Lxc4!; 35. Kf2 ist dasselbe, 35. ... Lxc4!; 35. Tc2 verliert wegen 35. ... Sxc4!; und natürlich fällt der c-Bauer wiederum, wenn Springer oder Läufer ziehen.

Wie würden Sie nach 35. a4 gewinnen?

Es ist nicht nötig, die Position zu verändern - 35. ... Kf7! (ein Punkt) und Weiß hat keine Wartezüge mehr.

35. Ke1

35. ... Sb3!

Ein Punkt. Gewinnt Material. Botwinnik macht einen letzten verzweifelten Versuch, in Reshewskys Zeitnot zu komplizieren - aber Figuren wegnehmen erfordert kein langes Nachdenken.

36. Sd5+

36. ... exd5

Ein Punkt.

37. Lxf5

37. ... Sxd2

Ein Punkt.

38. Txd2

38. ... dxc4

Ein Punkt. Einiges Material zurückzugeben ist bei weitem am einfachsten. Auch ein Punkt für 38. ... Lxc4, aber nichts, wenn Sie geizig sein wollten und den Turm zogen: 38. ... Tb7 39. cxd5 und Weiß hat behelfsmäßige Kompensation.

39. Lxd7

39. ... Txd7

Ein Punkt.

40. Tf2

40. ... Ke6

Ein Punkt.

41. Tf3

41. ... Td3

Ein Punkt.

42. Ke2

Hier **gab Weiß auf**. Partien wie diese, wo Schwarz den weißen Königsangriff neutralisierte und dann dazu überging, die chronischen Strukturschwächen auszubeuten, setzten der Sämisch-Variante im Nimzo auf höchstem Niveau effektiv ein Ende.

Partie 16: Der Geist Paul Morphys

Viele Leute glauben, daß, wenn einmal die Damen getauscht sind, das Spiel dazu neigt, trocken und technisch zu werden. Dem kann ich nicht zustimmen. Erstens kann das Endspiel eine der elegantesten Phasen der Partie sein, denn wenn nur ein paar Figuren auf dem Brett übriggeblieben sind, entfaltet sich Schach in seiner reinsten Form, und zweitens, nur weil die Damen getauscht sind, heißt das nicht, daß Angriffe gegen den König ausgeschlossen sind - diese Partie ist ein Fall dazu. Der Angreifer hier ist Yasser Seirawan, ein führender amerikanischer Spieler (früher der stärkste - vor dem Erscheinen einiger sowjetischer Emigranten auf der Szene). Er hat einen kompromißlosen Stil - er glaubt an diverse Arten von Positionen und ist oft bereit, einen schmalen Weg zu beschreiten, um sich durchzusetzen. Zum Druck kommt hinzu, daß er weiß: in dieser Partie wird sein Gegner wahrscheinlich eine nahezu perfekte Verteidigung aufbauen. Anatoli Karpow verliert nicht viele Partien, und in der Tat hätte er auch hier fast überlebt.

Seirawan - Karpow
Haninge 1990
Englisch

1. c4 e5 2. g3 g6 3. d4 d6 4. dxe5 dxe5 5. Dxd8+ Kxd8 6. Sc3 c6

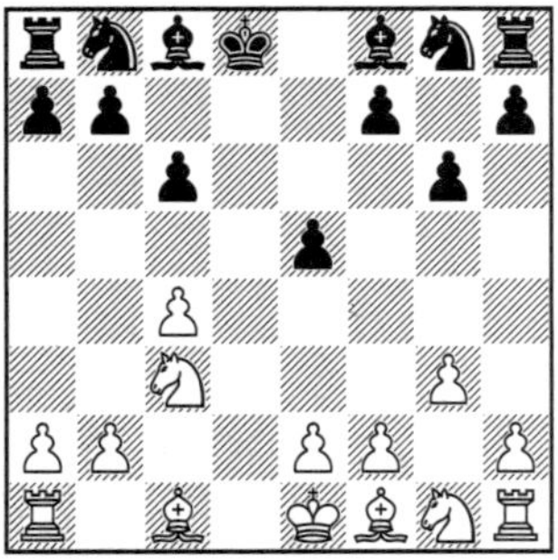

Beginnen Sie nun mit dem Versuch, die weißen Züge vorherzusagen, und denken Sie daran - Sie spielen gegen Karpow!

7. f4

Fünf Punkte. Infolge des Damentauschs findet sich der schwarze König in der Brettmitte gestrandet wieder. Weiß hat keinen materiellen oder strukturellen Vorteil; so muß er versuchen, einen schnellen Angriff gegen den König aufzubauen, wenn er etwas aus der Stellung machen will. 7. f4 ist ein guter Start; wenn Schwarz nimmt, erreicht der Läufer ein exzellentes Feld auf f4, wo er den König hindert, auf c7 Sicherheit zu finden; der Läuferzug setzt Weiß auch instand, lang zu rochieren, und der Angriff läuft in natürlicher Weise weiter. Es überrascht kaum, daß Karpow statt dessen eine Figur entwickelt.

7. ... Le6

8. Sf3

Vier Punkte. Schnelle Entwicklung ist der Schlüssel. Morphy verstand das schon vor über hundert Jahren, und es ist dieses Konzept, das der meisten zeitgenössischen Eröffnungstheorie zugrundeliegt. Also nichts für Züge wie 8. e4 oder 8. fxe5.

8. ... Lxc4

9. Lh3

Fünf Punkte. Energisch. Seirawan setzt seine Politik der schnellen Entwicklung fort und weigert sich, den e-Bauern zu nehmen. 9. Sxe5 (zwei Punkte) war möglich, aber es scheint, daß Schwarz ein gewisses Maß an Sicherheit finden kann: 9. ... Le6 10. e4 Lg7. Die Bauern von Weiß sehen eindrucksvoll aus, aber er hat seinen Entwicklungsvorsprung verloren. Ich bin sicher, daß Karpow eben darauf hoffte, als er auf c4 nahm.

9. ... f5

Versucht den Läufer vom Spiel auszuschließen, aber einen weiteren Bauernzug statt der Entwicklung einer Figur zu machen, ist wirklich ein Spiel mit dem Feuer.

10. b3

Fünf Punkte. Ein fein berechneter Zug;

es verlangt genaue Prüfung, um beurteilen zu können, wie stark dies wirklich ist:

a) Falls 10. ... La6 11. Sxe5. Der schwarze Läufer ist auf a6 außer Spiel, und Weiß hat auf e5 mit Tempogewinn genommen; der Angriff spielt sich von selbst: Lb2, 0-0-0, e4 etc.

b) 10. ... Le6 11. Sg5 Kd7 12. Lb2 mit entscheidendem Angriff: es gibt zu viele Drohungen.

c) 10. ... Lf7 11. Sxe5 Le6 12. e4 und wieder gehen die Fluttore auf. (Beachten Sie, wie Weiß eine Version dieser letzten Variante durch sofortiges Nehmen auf e5 anstelle von 10. b3 bekommen konnte: 10. Sxe5 Le6 11. e4. Trotzdem wäre dies nicht ganz so gut: 10. b3 einzuschieben gibt dem weißen Angriff eine Extradimension durch die Entwicklung des Läufers auf die lange Diagonale. Wie auch immer, zwei Punkte für 10. Sxe5 und einer dazu, wenn Sie die Absicht hatten, 11. e4 folgen zu lassen.) Im Hinblick auf diese Varianten spielte Karpow stattdessen:

10. ... Lb4

11. Lb2

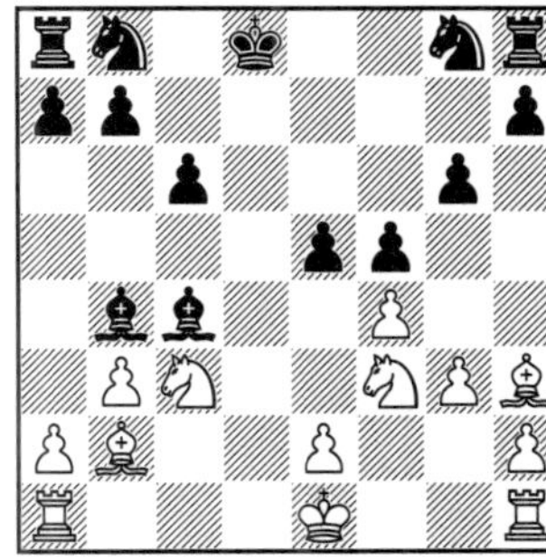

Ein Punkt. Die klar beste Diagonale.

11. ... Ld5

12. e4

Sechs Punkte. Ein phantastischer Zug, aber einer, der den Anforderungen der Stellung entspricht. Wenn wir die "natürliche" Fortsetzung betrachten, wird klar, wie Seirawan auf den Textzug kam.

12. 0-0-0 zwingt Schwarz, auf c3 zu nehmen: 12. ... Lxc3 13. Lxc3 Sf6 14. Sxe5 Tf8 15. The1 Se4. Schwarz hat es geschafft, gute Vorposten für seine Leichtfiguren zu sichern, und der weiße Angriff ist gebremst. Andererseits öffnet 12. e4 eine Diagonale für den Läufer auf h3, denn falls 12. ... Lxe4 13. 0-0-0+ und Sxe4 mit vernichtendem Angriff; ähnlich bei 12. ... Lxc3+ 13. Lxc3 Lxe4 14. Lxe5 Lxf3 15. 0-0! und Weiß geht mit der Qualität mehr hervor.

12. ... fxe4

13. 0-0-0

Zwei Punkte.

13. ... Lxc3

Karpow findet die elastischste Verteidigung. Wenn Schwarz 13. ... Sf6 gespielt hätte, wie könnte Weiß seine

Initiative am besten fortsetzen?
Ein Extrapunkt für 14. Sg5, wonach es Schwarz nicht mehr lange aushält.

14. Lxc3

Ein Punkt.

14. ... exf3

15. Lxe5

Ein Punkt.

15. ... Sd7

16. Lxh8

Ein Punkt.

16. ... Se7

17. Thf1

Ein Punkt. Seirawan hat die Qualität gewonnen, aber es ist noch nicht leicht, den Gewinn sicherzustellen, und hier kommt er etwas vom Weg ab. 17. The1 (drei Punkte) war besser; es behält mehr Aktivität. Um seinen Turm ins Spiel zu bringen, muß Schwarz den König ziehen, und dazu wiederum zuerst den Springer: 17. ... Sf5 18. Ld4! (um den f-Bauern im Auge zu behalten) 18. ... Kc7 19. Lxf5 gxf5 20. Te7 Kd6 21. Txh7. Seirawan selbst beurteilt diese Stellung als gewonnen für Weiß, und ich vermute, daß es mit Sorgfalt so sein sollte, obwohl es noch nicht leicht ist: der Freibauer f3 gedeckt von dem glänzend postierten Läufer sind starke Trümpfe. Schwarz sollte mit 21. ... Te8 beginnen, was seinen Turm auf die offene Linie bringt.

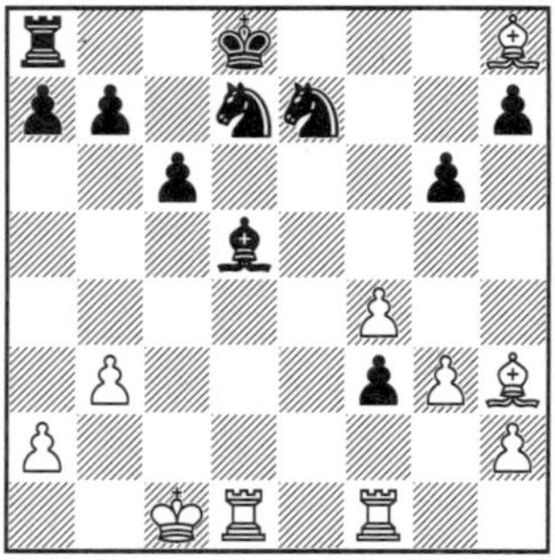

17. ... Sf5

18. Ld4

Ein Punkt. Da der Läufer in jedem Fall zurück muß, ist dies der beste Weg, um mit der Drohung 18. ... Se3 fertigzuwerden.

18. ... h5

19. g4

Zwei Punkte. Es gab zwei Wege, die Stellung zu verbessern; dies und 19. Lxf5 (ein Punkt) 19. ... gxf5 20. Tde1.

19. ... hxg4

20. Lxg4

Ein Punkt.

20. ... Sh4

Es ist nicht einfach für Weiß, Fortschritte zu machen. Ein Plan muß her.

21. Lf2

Ein Punkt.

21. ... Sg2

22. Lg1

Ein Punkt.

22. ... Sh4

23. h3

Drei Punkte.

23. ... Kc7

24. Lh2

Zwei Punkte. Dies ist die Pointe der weißen Manöver in den letzten paar Zügen: der schwarze König steht immer noch leicht unbequem, und es gibt Möglichkeiten wie Lg3, um den Springer und damit den f-Bauern zu bedrohen.

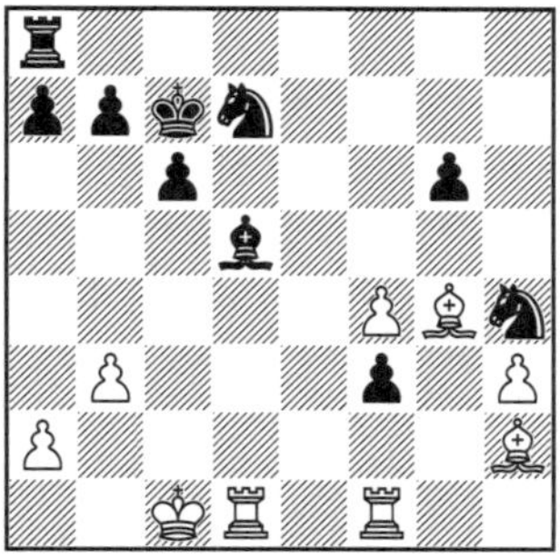

24. ... Sf6

25. f5+

Drei Punkte. Die beste Chance für Weiß. Wenn stattdessen 25. Lg3 Sf5; alle schwarzen Leichtfiguren haben hervorragende Plätze gefunden und ein Weg zum Durchkommen für Weiß ist nicht ersichtlich.

25. ... Kb6

26. fxg6

Ein Punkt.

26. ... Sxg4

27. hxg4

Ein Punkt.

27. ... Tg8

28. Td4

Drei Punkte. Seirawan hat es zumindest geschafft, einen Freibauern hervorzubringen, und nun aktiviert er seine Figuren.

28. ... a5

Um Tb4+ zu verhindern.

29. g5

Zwei Punkte. Dies zwingt den schwarzen Springer zurück und gibt dem Turm etwas mehr Raum zum Manövrieren.

29. ... Sxg6

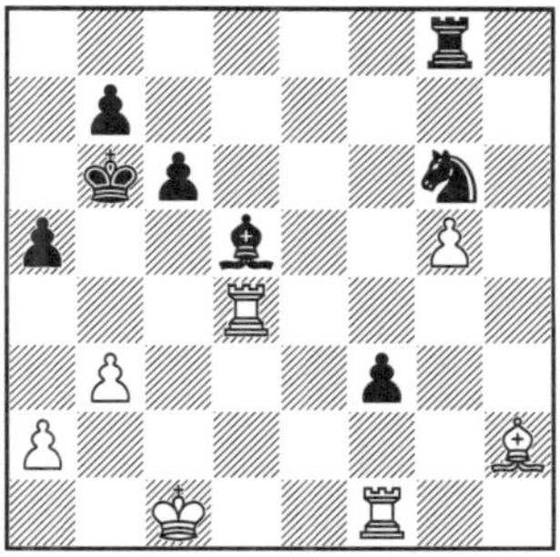

30. Kd2

Drei Punkte. Eine interessante Idee. Seirawan will seinen König übers Brett führen, vielleicht um sich des schwarzen f-Bauern anzunehmen, langfristig aber, um den g-Bauern zu unterstützen. Mit dem König übers Brett mitten unter die schwarzen Figuren zu marschieren wird schwierig sein, aber wenn Weiß in einem passenden Moment die Qualität auf d5 opfern und den Bauern f3 erobern würde, könnte das sehr aussichtsreich sein.

30. ... Tf8

31. Lg1

Ein Punkt. Seirawan stellt diesen Zug in Frage, weil er dem schwarzen König gestattet, zurück zur Brettmitte zu gehen. 31. ... Kc7! ist in der Tat korrekt, mit Remischancen. Aber Karpow, der sich nun in extremer Zeitnot befand, nachdem er einen sorgfältigen

Weg durch die frühen Komplikationen gefunden hatte, zog instinktiv seinen König auf ein weißes Feld (normalerweise korrekt, wenn ein schwarzfeldriger Läufer da ist), stellte ihn aber damit noch mehr abseits, so daß sich Seirawans Spiel auf Chance auszahlte. Objektiv besser wäre 31. Lg3 (zwei Punkte) gewesen, aber hätte er dann die Partie gewonnen?

Den Königsmarsch fortzusetzen wäre im Moment nicht erfolgreich: 31. Ke3 Te8+ 32. Kf2 Te2+.

31. ... Ka6

32. Lf2

Zwei Punkte. Blockiert sicher den f-Bauern und bereitet vor, den Turm f1 ins Spiel zu bringen.

32. ... Tf5

33. Tg4

Ein Punkt.

33. ... Se5

34. Tg3

Ein Punkt.

34. ... Sg6

35. Th1

Zwei Punkte. Schließlich hat Weiß einige Koordination erreicht.

35. ... Te5

36. Te1

Drei Punkte. 36. ... Te2+ mußte verhindert werden, und dies ist ein nützlicher Weg dazu.

Hier **verlor Karpow durch Zeit**, aber inzwischen hat sich die Partie ohnehin zu seinen Ungunsten gedreht.

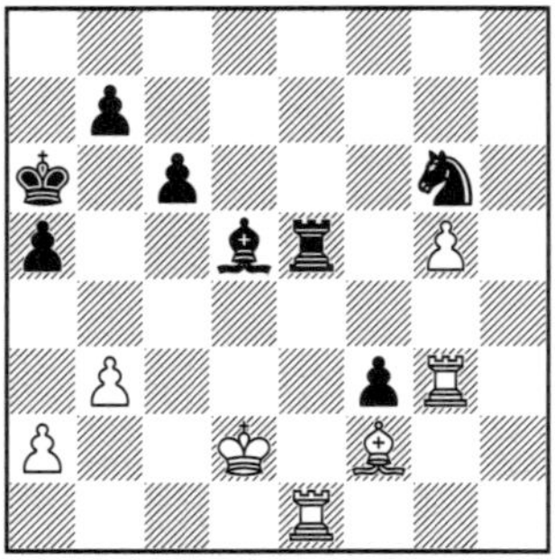

Turmtausch wäre hoffnungslos, also 36. ... Tf5 37. Te8! mit Ideen, den schwarzen König ins Visier zu nehmen, und den Blockeur des g-Bauern durch Td8 nebst Td6 anzugreifen. Es ist aber immer noch ein hartes Stück Arbeit.

Das Tempo, mit dem Seirawan direkt vom Beginn der Partie an einen Angriff entwickelte, war außerordentlich und recht ungewohnt im Spitzenschach. Es läuft auf eine Widerlegung der schwarzen Eröffnung hinaus. Wenn es Ihnen nicht gelang, in den ersten ungefähr zehn Zügen gut zu punkten, dann würde ich Ihnen dringend empfehlen, die Partien von Paul Morphy zu studieren. Er gab oft ein oder zwei Bauern her, nur um einen Entwicklungsvorsprung erreichen zu können, der ihn instand setzte, einen tödlichen Angriff zu starten.

Partie 17:
Der Blitzkönig

Viswanathan Anand aus Madras an der Südostküste Indiens ist ein sehr wahrscheinlicher Herausforderer um den WM-Titel in den nächsten paar Jahren. Er ist bereits einer der stärksten Spieler der Welt, und doch entwickelt sich sein Stil noch weiter.

Anands erste internationale Auftritte waren regelrecht sensationell. Ich werde nie vergessen, wie ich ein Turnier mit ihm 1987 in Frunze spielte, der Hauptstadt von Kirgisien - einer der entlegensten Vorposten des Sowjetimperiums - als er relativ unbekannt war. In einer der frühen Runden traf er auf den erfahrenen sowjetischen Großmeister Gennadi Kusmin. Anand zeigte auf dem Brett vor ihm so wenig Respekt wie vor jedem anderen, machte seine Züge fast a tempo, obwohl es sogar eine unglaublich komplexe Partie war, während Kusmin brütete und schwitzte unter dem steigenden psychologischen Druck. Obwohl Kusmins Stellung im frühen Stadium gut aussah, wurde sie schrittweise schlechter, und zusätzlich zu seinen Problemen wurde ihm die Zeit immer knapper. Er schaffte gerade eben den 40.Zug innerhalb der erlaubten zweieinhalb Stunden, aber in dieser Phase war seine Position ohnehin eine Ruine. Kurz danach gab er in totalem Schockzustand auf: Anand hatte gerade 15 Minuten für alle seine Züge gebraucht.

Sowjetische Turniere waren berüchtigt: nicht nur waren sie ein strenger Test des schachlichen Könnens, sondern auch was jemand aushalten konnte. Drei Wochen in einer Stadt zu verbringen, wo man abends nichts unternehmen kann, wo es Schaben in Ihrem Hotelzimmer gibt - und wahrscheinlich auch in dem undefinierbaren, eintönigen Essen, das man Ihnen vorsetzt - ist genug, um jeden fertigzumachen, und doch sah ich Anand nie so etwas zeigen; in Wahrheit das Gegenteil. Er und ein ungarischer Spieler, Tibor Karolyi, waren die doppelte Nummer, die unsere Gruppe ausländischer Spieler für die Dauer des Turniers bei Laune hielt. Auf Tamilisch heißt Anand Freude, und man hätte ihm keinen glücklicheren Namen geben können.

Während sich das Tempo seines Spiels sehr oft zu seinen Gunsten auswirkt, hat es gelegentlich dazu geführt, daß er elementare Übersehen beging. In den letzten paar Jahren geht er es klugerweise etwas langsamer an, und sein Stil ist vielfältiger geworden.

Eine Wasserscheide in seiner schachlichen Entwicklung kam, als er sein Kandidatenmatch gegen Karpow 1991 spielte. Er wählte den sowjetischen Emigranten Michail Gurewitsch als Sekundanten, und dessen mehr wissenschaftliches Herangehen kombiniert mit Anands Naturtalenten formte ein schlagkräftiges Team. Zum ersten Mal lernte er richtig zu studieren. Am Ende gewann Karpow das Match mit knap-

pem Vorsprung, aber erst nachdem er eine Reihe schockierender Rückschläge einstecken mußte.
Anands Gegner in dieser Partie ist Ian Rogers, Australiens einziger Großmeister.

Anand - Rogers
Interzonenturnier Manila 1990
Französische Verteidigung

1. e4 e6 2. d4 d5 3. e5 b6 4. Lb5+ Ld7 5. Ld3 c5 6. c3 Sc6 7. Sf3 f6 8. 0-0 fxe5 9. dxe5 Dc7 10. Te1 Sh6
Beginnen Sie nun mit der Vorhersage der weißen Züge.

11. c4
Fünf Punkte. Dies ist eine sehr scharfe Position. Wenn Weiß nicht versucht zu komplizieren, könnte ihm widerfahren, daß sein e-Bauer mit dem simplen Plan Sf7, Le7 und g5-g4 ausgehoben wird. Es ist schwierig, diese Idee zu bekämpfen, wenn Schwarz so gute Kontrolle im Zentrum hat dank der Bauern c5 und d5. 11. c4 zwingt Schwarz, im Zentrum vorzugehen, was Weiß das Feld e4 für eine Leichtfigur gibt.
Ein Punkt für Entwicklungszüge wie 11. Sa3, 11. Lf4, 11. Lxh6 und 11. Sbd2. Sie sind alle sehr schön, aber keiner von ihnen packt wirklich das Problem an.
11. ... d4
Hätte Schwarz stattdessen 11. ... 0-0-0 gespielt, wie würden Sie erwidern? Weiß könnte den d5-Bauern nehmen: 12. cxd5 exd5 13. La6+ Kb8 14. Dxd5, aber Schwarz erhält ausgezeichnete Kompensation nach 14. ... Sb4 15. Dc4 Lf5. Viel stärker ist 12. Sc3 (zwei Punkte), was mehr Druck auf das Zentrum ausübt; falls 12. ... d4 13. Sb5! Db8 14. Lf4 und der Springer ist bereit, nach d6 hineinzuhüpfen.
12. Sa3
Drei Punkte. Der genaueste Zug. 12. Lxh6 (zwei Punkte) war eine plausible Alternative, um 12. ... gxh6 mit 13. Sbd2 zu beantworten. Weiß hat mehr Sicherheit als in der Partie - es gibt keine Drohung, daß der g-Bauer vormarschiert, um den Springer anzugreifen - also ist konsequenterweise der Bauer e5 sicherer. Auch wenn man dies sagen muß, gibt es aber nunmehr zwei offene Linien vor dem weißen König; daher ist dies ein Hasardspiel.
12. ... a6
13. Le4
Fünf Punkte. Typisch für Anand: er kombiniert strategisch gesunde Züge mit trickreicher Taktik. Zwei Punkte für 13. Sc2, was den Springer besser postiert.
13. ... 0-0-0

Wie hätten Sie hier auf 13. ... Le7 geantwortet?
14. Lxh6 gxh6 15. b4! (zwei Punkte, wenn Sie diesen Zug fanden) war Anands geistreiche Idee. Falls 15. ... cxb4 16. Sb5! axb5 (wenn 16. ... Db8, dann einfach 17. Sxd4) 17. cxb5. Weiß holt sich die Figur zurück und die schwarze Stellung ist ein Wrack: vergleichen Sie nur die zwei Bauernstrukturen; und wo kann der schwarze König Schutz finden?

14. Sc2

Zwei Punkte. Nun, da das Figurenopfer auf b5 ausgeschaltet ist, wird es Zeit, den Springer auf ein nützlicheres Feld zu bringen.

14. ... Sf7

15. Lf4

Zwei Punkte. Dies ist ein zweischneidiger Zug. Der e-Bauer bekommt etwas mehr Deckung, aber Schwarz wird imstande sein, einiges gefährliches Gegenspiel zu inszenieren, indem er den Läufer mit seinen Königsflügelbauern angreift.
15. b4! (fünf Punkte) war mehr im Geist der Stellung. Welchen Bauern Schwarz auch nimmt und auf welche Art, er muß seinen König bloßstellen, z.B. 15. ... cxb4 16. a3! und wenn Schwarz nun versucht, die a-Linie mit 16. ... b3 geschlossen zu halten, dann hält 17. Sb4! die Dinge im Fluß; oder alternativ 15. ... Scxe5 16. Sxe5 Sxe5 17. Lf4 Ld6 18. bxc5 bxc5 19. Lxe5 Lxe5 20. Tb1 mit hitzigem Angriff.
In diesen Varianten kommt es nicht darauf an, zu sehr die Bauern zu zählen: das Wichtigste ist, Linien gegen den schwarzen König zu öffnen; er hat keinen unmittelbaren Bauernschutz, ist also potentiell in fataler Lage.

15. ... Le7

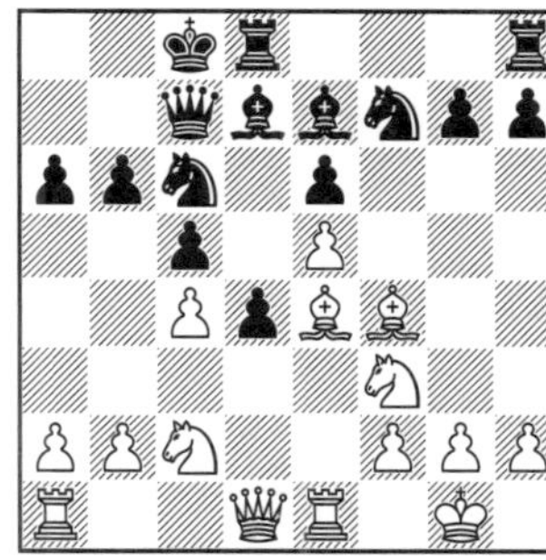

16. b4

Drei Punkte. Keinen für andere Züge. Es ist unbedingt nötig, daß Weiß sich einiges Spiel am Damenflügel verschafft.

16. ... g5

17. Lg3

Ein Punkt.

17. ... g4

Wahrscheinlich wäre es besser für Schwarz gewesen, 17. ... h5 zu spielen, um den Läufer aufs Korn zu nehmen.

18. Sd2

Ein Punkt. 18. Sh4, was den Springer am Brettrand außer Spiel bringt, kam wohl kaum in Frage.

18. ... Scxe5

Anand muß sehr froh gewesen sein, diesen Zug zu sehen. Auf Kosten nur eines Bauern ist der Läufer auf g3 ins Leben zurückgebracht worden.

19. a4

Vier Punkte. Ein energischer Zug. Anand kämpft um jeden Preis darum, Linien am Damenflügel zu öffnen. Es war auch möglich, solider zu spielen mit 19. bxc5 (zwei Punkte) und falls 19. ... Lxc5 20. Sb3, was den Druck aufrechthält.

19. ... cxb4

20. a5

Ein Punkt. Ansonsten hat 19. a4 keinen Sinn.

20. ... bxa5

21. Sxd4

Zwei Punkte. Dies ist gut, aber wenn Sie der Schwung dieser Partie mitzureißen beginnt, haben Sie sicherlich erkannt, daß es Zeit war, Bauer Nummer vier zu opfern.

21. c5! (fünf Punkte) ist vernichtend. Wird der Bauer genommen, 21. ... Lxc5, so entscheidet 22. Sc4; Schwarz hat keinen befriedigenden Ausweg aus den Fesselungen und Abzugsangriffen - prüfen Sie selbst. Besser ist es, den Springer von c4 fernzuhalten mit 21. ... Lb5, aber dann kommt 22. Sb3 und falls 22. ... a4 23. Sxb4! axb3 24. Sxa6! Lxa6 25. Txa6 mit einem durchschlagenden Angriff.

Dies sind gerade eine Handvoll Mustervarianten, aber es ist recht klar, in welche Richtung der Verkehr rollt. Beachten Sie, wie Weiß es durch Materialopfer geschafft hat, die Initiative zu ergreifen, so daß sich das ganze Geschehen am Damenflügel konzentriert - sein König ist in keiner dieser Varianten je in Gefahr.

21. ... Lc5

22. S4b3

Zwei Punkte. Es gab eine klare Alternative: dies oder 22. S2b3. Jedoch trifft 22. S2b3 auf 22. ... a4 23. Sxc5 Dxc5. Bevor er etwas anderes tut, wird Weiß aus der Fesselung auf der d-Linie flüchten müssen.

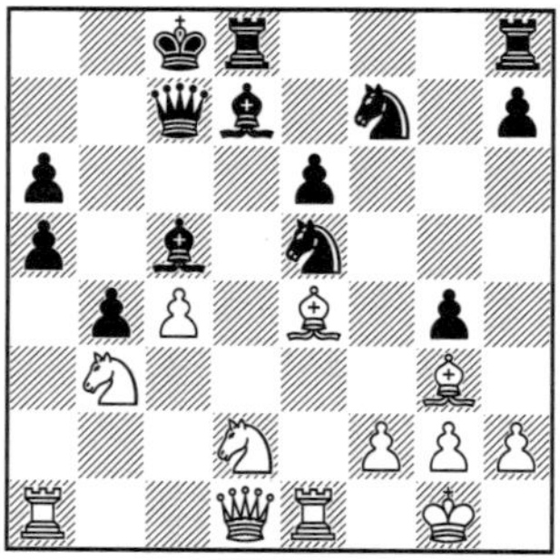

22. ... a4

23. Sxc5

Ein Punkt.

23. ... Dxc5

24. Lc2

Vier Punkte. Dieser Zug ist schwierig zu finden: es scheint wenig logisch, den Läufer von solch einer wunderbaren Diagonale zu entfernen, aber es ist absolut notwendig, zum schwarzen König durchzubrechen.

Weiß hatte zu diesem Zweck eine sogar noch brutalere Methode zur Verfügung: 24. Txa4 (zwei Punkte). Ich zweifle, ob das korrekt ist - aber am Brett wäre es schwierig für Schwarz, sich zu verteidigen: 24. ... Lxa4 25. Dxa4 Txd2 26. Dxa6 und es wird lustig.

24. ... a5

Dies ist wohl kaum die Verteidigung, die von Weiß das meiste verlangt, doch ich kann mir vorstellen, daß Schwarz in diesem Stadium in einem Schockzustand war - oder vielleicht sah er seine Stellung einfach als verloren an.

24. ... b3 war der offensichtlichste Zug, aber dies trifft auf...?

25. Lxb3! (ein Punkt) 25. ... axb3 26. Sxb3 und der Angriff rollt weiter. Obwohl mit einer Figur im Rückstand, muß Weiß diese Stellung gewinnen: jede einzelne Figur leistet ihren Beitrag im Kampf. Eine plausible Fortsetzung könnte so gehen: 26. ... Dc7 (um den Springer e5 gedeckt zu halten) 27. Txa6 Lc6 28. Da1 Lb7 29. Ta5. Die letzte schwarze Hoffnung Dc6 ist verhindert, und der Springer e5 wird gleich fallen.

25. Se4

Zwei Punkte. Ziehen Sie fünf ab, wenn Sie so leichtsinnig waren, 25. Lxa4 Lxa4 26. Dxa4 Txd2 zu spielen, was eine Figur verliert.

25. ... Dc7

26. Lxa4

Ein Punkt.

26. ... Lc6

27. Dc2

Zwei Punkte. Das beste Feld. 27. De2 Lxa4 28. Txa4 Dxc4 ist lästig, und 27. Db3 wird mit 27. ... Td3 beantwortet.

27. ... Lb7

28. c5

Drei Punkte. Die klarste Fortsetzung. Schwarz steckt bereits mit der Fesselung auf e5 schlimm im Schlamassel, und dies stellt zudem lästige Drohungen aller Art auf: vielleicht c6; womöglich Sd6+ - irgendetwas muß für Weiß gehen.

28. ... Td5

Was hätten Sie an dieser Stelle als Antwort auf 28. ... Kb8 gespielt? Sowohl König und Dame in die Schußlinie des Läufers g3 zu stellen sieht wie Selbstmord aus - und ist es. Ein Bonuspunkt, wenn Sie 29. Sg5 fanden, was diese Situation ausnutzt.

29. Lb3

Ein Punkt, und dasselbe für 29. Tac1.

29. ... Thd8

30. Tac1

Drei Punkte. Nichts für 30. Lxd5. Der Turm läuft nicht weg (e6 und indirekt e5 hängen), also warum ihn nehmen? Nach 30. ... Txd5 31. Tac1 Dc6! kann Schwarz eine Art Blockade aufbauen. Vergleichen Sie dies mit der Partie.

30. ... Dc6

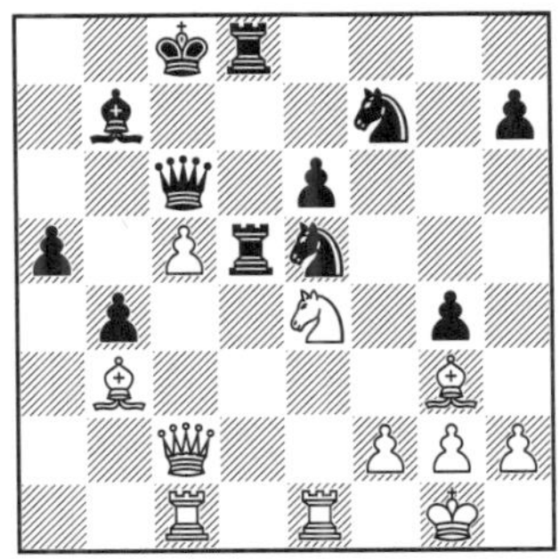

31. La4

Zwei Punkte. Einer der Gründe, den Läufer zu behalten.

31. ... Dc7

32. Sd6+

Drei Punkte. Von hier an ist es möglich, bis zum Schluß durchzurechnen.

32. ... T8xd6

32. ... Sfxd6 33. cxd6 Dxc2 34. Txc2+ Kb8 35. Lxe5 mit Figurgewinn.

33. cxd6

Ein Punkt.

33. ... Dxc2

34. Txc2+

Ein Punkt.

34. ... Kb8

35. Lb3

Ein Punkt.

35. ... Txd6

36. Txe5

Drei Punkte. Ein sauberer Abschluß; falls 36. ... Td1+ 37. Te1+. Hier **gab Schwarz auf**. Obwohl nicht perfekt - dazu spielt er zu schnell - war dies eine geistsprühende Vorstellung von Anand.

Partie 18: Der Genius

Die Vielfalt und Anzahl der Huldigungen für Michail Tal, die seinem Tod 1992 folgten, war ein Zeichen der Wertschätzung und Beliebtheit, die er bei Schachspielern rund um die Welt genoß. Er beeindruckte jeden, den er traf, mit seinem sprühenden Geist, seiner Freundlichkeit, seinem schelmischen Humor, und seiner Leidenschaft wie auch seinem Genie für Schach.

Ich hatte das Glück, eine Reihe von Turnieren mit ihm zu spielen, das erste auf seinem heimischen Territorium in Jurmala, nahe bei Riga, 1985. Jurmala ist ein freundliches Seebad; die Luft ist gut und es gibt einen schönen Strand. Es ging aufs Ende des Sommers zu und der Touristenansturm war vorbei. Tal vertrieb sich dort einfach die meiste Zeit des Turniers und gab nicht sein Alles dem Schach; statt dessen genoß er es, sich mit seiner Frau und seiner jungen Tochter zu entspannen. Er nahm kurze Remisen gegen die stärkeren Spieler an und fischte sich, wenn es ihm gefiel, die Schwächeren heraus.

Nichtsdestoweniger konnte er zum Schluß noch den ersten Platz teilen, wenn er seine Partie der letzten Runde gewann. Sein Gegner, der dänische Internationale Meister Carsten Hoi, würde kein Kanonenfutter sein - er hatte schon den soliden sowjetischen GM Wladimir Tukmakow geschlagen, und den exzentrischen lettischen Meister Alvis Witolinsch.

Doch an diesem Tag gab es für Hoi keine Chance. Tal hatte ihn auf der Abschußliste. Seine Haltung am Brett war die intensivster Konzentration. Ich erinnere mich, daß ich Tal beobachtete, als er sich eine Zigarette anzündete, das Nikotin einsaugend als ob es sein Lebenssaft wäre, aber er wandte nie während der ganzen Operation seinen Blick vom Brett ab. In der Zeit, die ich brauchte, um zur Seite der Bühne und wieder zurück zu spazieren, blieb von der Zigarette nichts weiter übrig als ein Häufchen Asche, das auf den Tisch gefallen war, und der reinste Rauchfetzen, der aus Tals Nasenlöchern kam.

Tal - Hoi
Jurmala 1985
Pirc-Verteidigung

1. e4 g6 2. d4 Lg7 3. c3 d6 4. Sf3 Sf6 5. Ld3 0-0 6. 0-0 Sc6 7. Lg5 h6 8. Lh4 Sh5

Nun versuchen Sie die weißen Züge vorherzusagen.

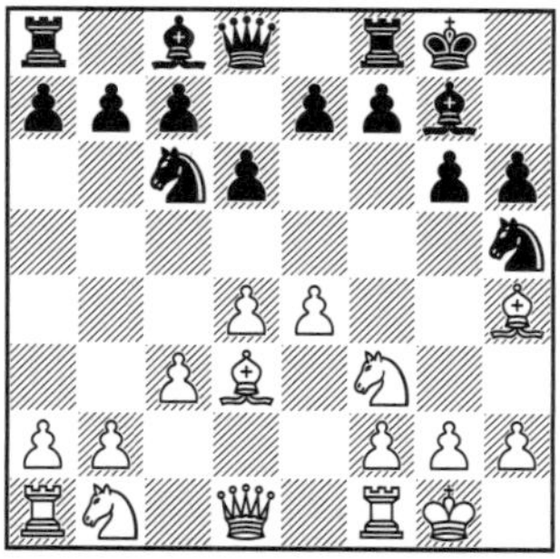

9. Sa3

Fünf Punkte. Wie viele von Ihnen wählten das stereotype 9. Sbd2 (zwei Punkte)? Warum Tal den Springer auf dieses abstruse Feld entwickelte, wird später offenbar.

Nichts für 9. d5 - kein sehr schöner Zug, der die Kontrolle des Feldes e5 weggibt. Schwarz kann 9. ... Sb8 spielen; oder 9. ... Se5! 10. Sxe5 dxe5, gefolgt von Sf4, g5 und e6. Schwarz steht gut.

9. ... Sf4

10. Lc2

Zwei Punkte. Es ist unentbehrlich, diesen Läufer zu behalten; also keine Punkte, wenn Sie ihn auf d3 stehen und nehmen ließen. Das ist eine der stärksten weißen Angriffsfiguren!

Ein Punkt sowohl für 10. Lb5 wie 10. Lc4.

10. ... Lg4

11. Dd2

Drei Punkte. Nun ist klar, warum der Springer nach a3 und nicht nach d2 ging: Tal hat vorausgesehen, daß der Springer nach f4 kommen wird, und wollte ihn von diesem idealen Vorposten sofort wieder vertreiben.

Ein Punkt für 11. h3, was die Fesselung aufhebt. Jedoch ergreift Schwarz dann die Initiative nach 11. ... Lxf3 12. Dxf3 g5! 13. Lg3 e5!. Nichts für 11. Lg3 e5!. Ich stelle mir vor, daß Weiß eventuell darauf beschränkt sein wird, den Springer für den Läufer zu tauschen, aber dann wird er keine Chance auf Vorteil haben.

11. ... g5

Bevor Sie damit fortfahren, Ihre Antwort auf diesen Zug zu überlegen, was hätten Sie hier als Antwort auf 11. ... Lxf3 gespielt?

12. Dxf4! war korrekt (nicht 12. gxf3 g5 13. Lg3 e5 oder 13. ... Sg6! mit ausgezeichneter Stellung). Und nun ist 12. ... Le2 13. Tfe1 La6 14. De3 g5 15. Lg3 e5 16. Tad1 die wahrscheinlichste Fortsetzung. Eine merkwürdige Position ist entstanden: alles ist "normal", wie die Russen gern sagen, außer diesen zwei seltsam aussehenden Leichtfiguren in der a-Linie. Buchen Sie drei weitere Punkte, je nach dem wieviel Sie sahen.

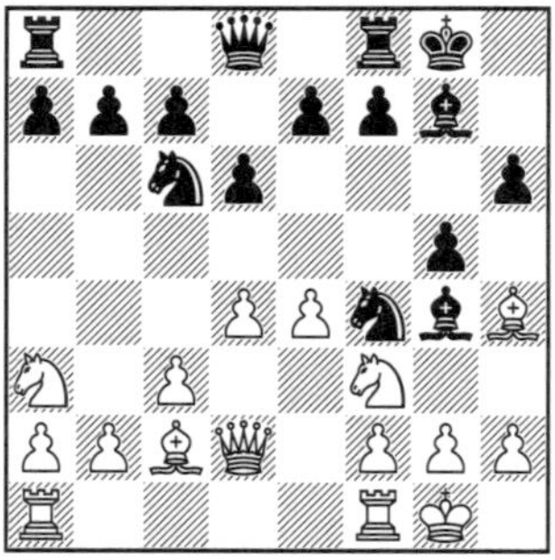

12. Sxg5!

Fünf Punkte. Tal brachte Opfer nicht bloß um ihrer selbst willen (gut, nur gelegentlich), sondern wie und wann die Position es verlangte. Hier erkannte er, daß der Rückzug des Läufers ihn mit einer klar schlechteren Stellung zurückließe: 12. Lg3 Lxf3! 13. Lxf4 (13. gxf3 e5 oder 13. ... Sg6, wie in einer früheren Anmerkung) 13. ... gxf4 14. gxf3 e5! 15. d5 Se7. Schwarz ist bereit, einen ernsthaften Angriff am Königsflügel zu lancieren, beginnend mit Se7-g6-h4 - und was macht dieser Springer auf a3?

Somit war das Opfer notwendig. Nicht daß dies eine Eingebung des Augenblicks gewesen wäre - ich vermute, er sah die groben Umrisse der Idee, als er 9. Sa3 spielte. Wenn Sie dieses Opfer kommen sahen, zumindest bevor 11. Dd2, dann schreiben Sie eine weitere Anzahl Punkte gut.

12. Lxg5 ist nicht so gut: 12. ... hxg5 13. Sxg5 e5! und Schwarz braucht den Springer nicht zurückzuziehen.

12. ... hxg5

Haben Sie sich mit 12. ... Sg6 befaßt? Wenn nicht, tun Sie es jetzt!

Weiß hat einige verlockende Möglichkeiten:

a) Zwei Punkte für 13. Lg3 hxg5 14. Dxg5 Ld7 15. f4 mit starkem Angriff;

b) Leider ist 13. Sxf7 nicht so furchtbar stark, nicht wegen 13. ... Txf7 14. Lb3! Sxh4 15. Lxf7+ Kxf7 16. Df4+ Kg8 17. Dxg4 und Schwarz wird von den weißen Bauern niedergewalzt; aber stattdessen 13. ... Kxf7! (erinnern Sie sich an diese Idee aus der Partie Adams - Schirow?) 14. Lb3+ Ke8 15. Lg3 e5, und Schwarz sollte überleben;

c) Ich denke, der beste Zug ist 13. Lb3! (drei Punkte). Falls 13. ... hxg5 14. Lxg5 mit einem Angriff ähnlich der Partie; und nach 13. ... e6 14. Sxe6! Dxh4 15. Sxf8 Txf8 16. f4 macht die weiße Bauernwalze wieder den leichten Materialnachteil von Läufer und Springer gegen Turm wett.

13. Lxg5

Ein Punkt.

13. ... Sg6

14. f4!

Zwei Punkte. Es ist wichtig, Schwarz in der Defensive zu halten. Weiß droht f5, was den Springer von g6 vertreibt und den Läufer g4 fängt.

14. ... f6

15. f5!

Zwei Punkte. Dies mußte vor 14. f4 vorausgesehen werden - zwei Punkte extra, wenn Sie das taten. Wenn nun 15. ... fxg5 16. Lb3+! (16. fxg6?? e6 wirft alles weg) 16. ... Kh7 17. Dxg5 mit Rückgewinn einer der Figuren und vernichtendem Angriff. Zwei weitere Punkte, wenn Sie diese Variante genau berechneten.

15. ... e6

Wenn 15. ... Sh8, dann spielen Sie...? 16. Lb3+! Kh7 (16. ... Sf7 17. Le3 und der Läufer g4 ist gefangen) 17. Le3 gefolgt von Tf4-h4 mit Mattangriff. Ein weiterer Punkt, wenn Sie dies sahen.

16. Lh6

Zwei Punkte für dies wie auch 16. Le3, was Weiß ebenfalls sehr starken Angriff gibt: 16. ... exf5 17. exf5 Sge7 18. Df2!. Es ist schwierig für Schwarz, seine Figuren zur Verteidigung des Königsflügels hinüberzubringen. Fünf Punkte Abzug für 16. fxg6?? fxg5, wonach Schwarz nahe daran ist, seine Mehrfigur zu konsolidieren, insbesondere weil ich das in der vorigen Anmerkung erwähnt habe.

16. ... exf5

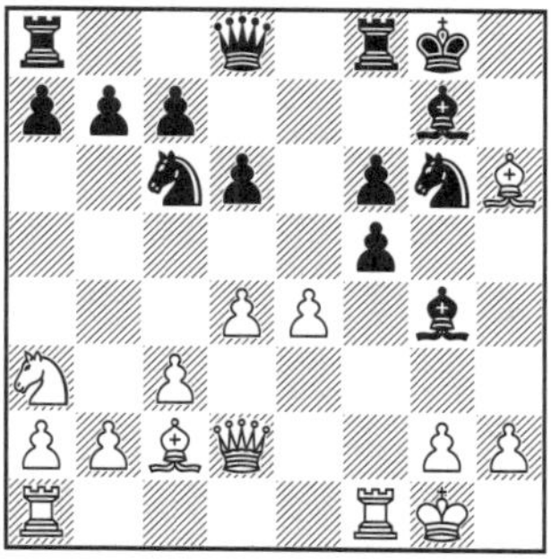

17. h3!

Drei Punkte. Es wäre in diesem Fall nicht so gut, 17. exf5 zu spielen (nur ein Punkt). Der Abtausch des Läufers g7 wird die beengte schwarze Stellung erleichtern, was ihm größere Verteidigungschancen gibt als in der Anmerkung zum 16. weißen Zug, wo der Läufer auf e3 stand.

17. ... f4!?

Eine interessante Idee. Da er die Figur in jedem Fall zurückverlieren wird, läßt Schwarz sie einfach hängen, aber meint, daß er auf diese Weise imstande sein könnte, den Königsflügel abzudichten. (Natürlich kam 17. ... Lh5 nicht in Frage: 18. Txf5.)

18. Lxg7

Ein Punkt.

18. ... Kxg7

19. hxg4

Ein Punkt.

19. ... Th8

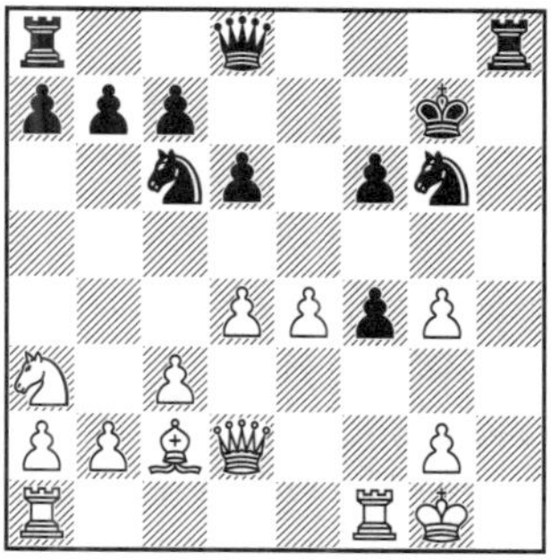

20. Txf4!

Fünf Punkte. Dies, zusammen mit 9. Sa3, ist der am schwersten zu findende Zug der Partie. Gerade hat Tal sein Material zurückgeholt - Weiß besitzt sogar einen Bauern mehr -, da opfert er erneut. War das notwendig? In diesem Fall, nicht unbedingt; es ist mehr eine Frage des Stils.

Es war möglich, die Konsolidierung des Plusbauern zu versuchen mit 20.

Ld1!? Th4 21. Lf3 Dh8 22. Kf2 Th2 23. Ke2 und dem Plan Kd3-c2, bevor man weiter auf den schwarzen König losgeht. Zwei Punkte, wenn Sie diesen Königsmarsch voraussahen. Solch gewundene Wege sind nicht Tals Geschmack; er zieht bei weitem vor, die Initiative zu ergreifen.

20. ... Sxf4

21. Dxf4

Ein Punkt.

21. ... Th6

22. Kf2

Zwei Punkte. Ahnt Dh8 voraus. In jedem Fall ist der weiße König hinter der Masse seiner Bauern im Zentrum besser geschützt.

22. ... Se5?

Dieser Zug wirft die Partie so ziemlich weg. Mit zwei Bauern für die Qualität und solch einem starken Zentrum hat Weiß unzweifelhaft die besseren Chancen, aber der Gewinn ist noch weit weg. Der beste schwarze Zug war 22. ... Se7, um den Königsflügel zu verstärken. Insbesondere ist es sehr wichtig, f5 zu überwachen: Weiß droht letztlich den Springer ins Spiel gleiten zu lassen - Sa3-c4-e3-f5 - mit tödlichem Effekt. 22. ... Se5 war eine Panikreaktion, verursacht durch Zeitnot. Das ist ein Weg der Erklärung. Es ist kurios, wie Tal immer "Glück" zu haben schien. Mit unheimlicher Konsequenz gelang es ihm, seine Gegner zu unnötigen Fehlern zu verleiten. (Es gibt die berühmte Geschichte, wie Pal Benkö eine dunkle Brille aufsetzte, als er gegen ihn spielte, um das berühmte Anstarren Tals abzuwehren, von dem das Gerücht ging, es hypnotisiere seine Gegner, Böcke zu schießen.)

Aber das wahre Geheimnis findet sich in der Natur seines Spiels - 20. Txf4 in dieser Partie ist ein hervorragendes Beispiel. Nach dem einleitenden Opfer auf g5 gab er seinem Gegner nie einen Moment Zeit zum Luftholen. Statt es im 20.Zug ruhiger angehen zu lassen, wußte er instinktiv, daß es richtig war, den Druck durch ein weiteres Opfer zu erhalten. Es war dieses konstante Stellen immer neuer Probleme, mit dem seine Gegner schwer fertig wurden.

23. dxe5

Ein Punkt. Warum nicht?

23. ... fxe5

24. Dg3

Zwei Punkte. Das Beste; es verhindert das höchst unangenehme Schach auf h4.

24. ... Dg5

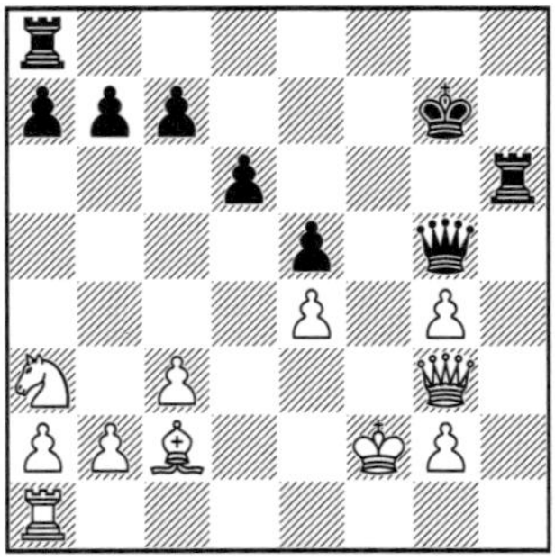

25. Sc4!

Drei Punkte. Das ist der entscheidende Zug der Partie. Wenn der Springer einmal zentralisiert wird, ist Schwarz am Ende.

25. ... Tf8+

26. Ke2

Ein Punkt.

26. ... Tf4

27. Se3!

Ein Punkt.

27. ... Kf8

28. Tf1

Zwei Punkte. Die aktiven schwarzen Figuren zu tauschen ist der einfachste Weg, weiterzukommen.

28. ... Ke8

29. Tf3

Zwei Punkte.

29. ... Th1

30. Df2

Ein Punkt.

30. ... Ta1

31. Lb3

Ein Punkt.

31. ... Tb1

32. Kd3

Ein Punkt.

32. ... c6

33. g3

Zwei Punkte. Das ist es, wofür Weiß sich in den letzten paar Zügen aufgebaut hat. 33. ... Txf3 34. Dxf3 Txb2 35. Df7+ Kd8 36. Dxb7 ist nun ein Gemetzel.

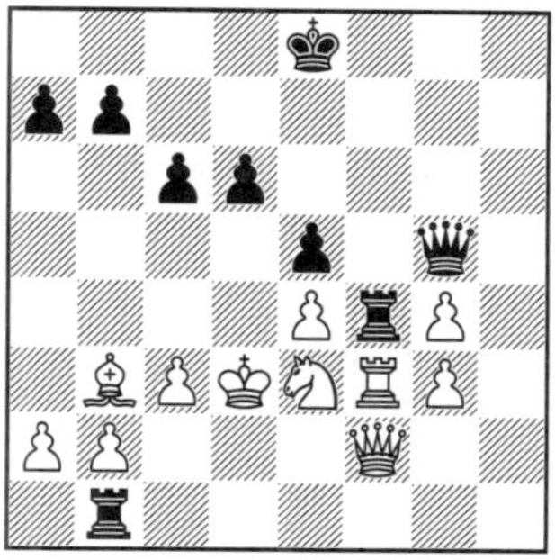

33. ... Txb2

34. gxf4

Ein Punkt. Das Endspiel ist leicht gewonnen. Drei Minuspunkte, wenn Sie 34. Dxb2 Txf3 35. De2 Txg3 gespielt haben. Diese Stellung kann Weiß sogar verlieren.

34. ... Txf2

35. fxg5

Ein Punkt.

35. ... Txf3

36. Ke2

Null Punkte dafür. Tals Technik ist ein wenig lasch. 36. g6 (ein Punkt) war am einfachsten.

36. ... Tf4

37. Kd3

Ein Punkt.

37. ... Kf8

38. g6

Ein Punkt.

38. ... Tf3

39. Lf7

Ein Punkt.

39. ... b5

40. Ke2

Zwei Punkte.

40. ... Tf4

41. Sf5
Zwei Punkte.
41. ... Txe4+
Wenn stattdessen 41. ... Txg4, dann nicht 42. g7+ Kxf7 43. Sh6+ Kxg7 44. Sxg4 Kf7, was sehr schwer zu gewinnen ist, sondern einfach 42. Sxd6.
42. Kf3
Ein Punkt.
42. ... Tf4+
43. Kg3
Ein Punkt. **Schwarz gab auf**. Es gibt keine Verteidigung gegen 43. Le6 und g7+.

Partie 19: Meister gegen Schülerin

Diese Partie ist ein faszinierender Zusammenprall der Stilarten. Judit Polgar ist die jüngste und stärkste der drei Schwestern aus Budapest. 1992 schlug sie Bobby Fischers Rekord und wurde jüngster Großmeister aller Zeiten, und nun ist sie nach Wertung einer der ungefähr 30 besten Spieler der Welt. Sie hat einen scharfen, dynamischen Stil, immer bereit zum Angriff, ohne Rücksicht wer ihr Gegner ist. Judit hat ein Eröffnungsrepertoire aufgebaut, das dazu perfekt paßt: 1. e4 mit Weiß, und Sizilianer sowie Königsinder mit Schwarz. Ihr Gegner, Alexander Chernin, ist ein russischer Großmeister, der, ironischerweise, kürzlich nach Ungarn gezogen ist, um die Polgar-Schwestern zu trainieren. Er hat den Ruf, einer der solidesten Spieler in der Turnierszene zu sein, obwohl man sagen muß, daß er diese Partie wirklich sehr ehrgeizig spielt.

Chernin - J.Polgar
Neu Delhi 1990
Königsindische Verteidigung

1. c4 g6 2. d4 Sf6 3. Sc3 Lg7 4. e4 d6 5. h3 0-0 6. Sf3 e5 7. d5 Sa6 8. Le3 Sh5 9. Sh2

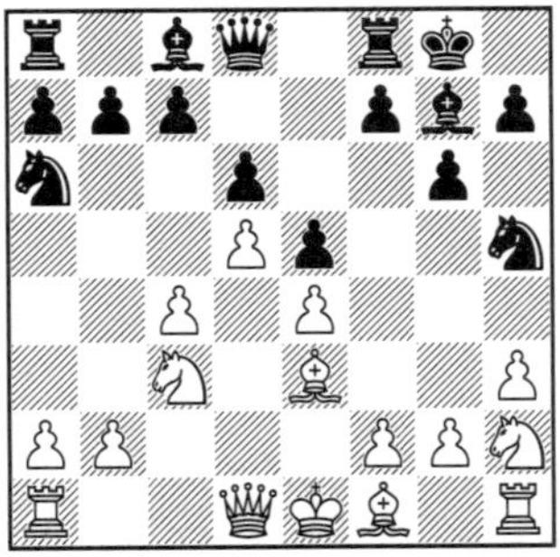

Versuchen Sie nun die Züge von Schwarz vorherzusagen.
9. ... De8
Fünf Punkte. Schwarz versucht f5 zu spielen, aber wenn sie dies sofort tut, dann 9. ... f5 10. exf5, und nun scheitert 10. ... Lxf5 an 11. g4, und 10. ... gxf5 läßt den Springer auf h5 hängen. Nun können wir die Pointe von 9. ... De8 sehen - das würde in dieser letzten Variante den Springer schützen.
9. ... Sf4 sieht logisch aus, wieder mit der Idee f5, aber Weiß kann 10. g3 Sxh3 11. Sf3 spielen und gewinnt den Springer.
10. Le2

10. ... f5

Vier Punkte. Judit kann sich nicht damit abfinden, noch länger herumzuschieben; sie zieht es vor, sofort auszubrechen - selbst obwohl das einen Bauern kostet.

10. ... Sf4 (vier Punkte) war ebenso gut, es ist wirklich eine Geschmacksfrage. Das Spiel könnte weitergehen mit 11. Lf3 f5 und großen Komplikationen. Kasparow gewann einmal eine spektakuläre Partie gegen Kavalek, der so spielte, obwohl später Verbesserungen für Weiß gefunden wurden; zweifellos war Chernin darum willens, die Eröffnung zu wiederholen.

11. exf5

11. Lxh5 wäre nicht empfehlenswert. Der leichte strukturelle Schaden, der Schwarz widerfährt, wird mehr als kompensiert durch den Besitz der zwei Läufer und die offene g-Linie.

11. ... Sf4

Drei Punkte. Die einzig mögliche Folge. 11. ... gxf5 läßt den Springer h5 hängen.

12. Lxf4

12. ... exf4

Ein Punkt.

13. fxg6

13. ... Dxg6

Ein Punkt.

14. Kf1

Wenn ich Weiß wäre, hätte ich es mir zweimal überlegt, diesen Bauern zu nehmen. Schwarz hat glänzende Kompensation: die zwei Läufer besitzen weitreichende Perspektiven; die Dame steht auf einem ausgezeichneten Feld; Weiß konnte nicht mehr rochieren, damit sind seine Kräfte ohne Zusammenhang. Ich vermute, es ist eine Sache des Stils: Chernin verteidigt sich gern - er müßte es auch in dieser Position.

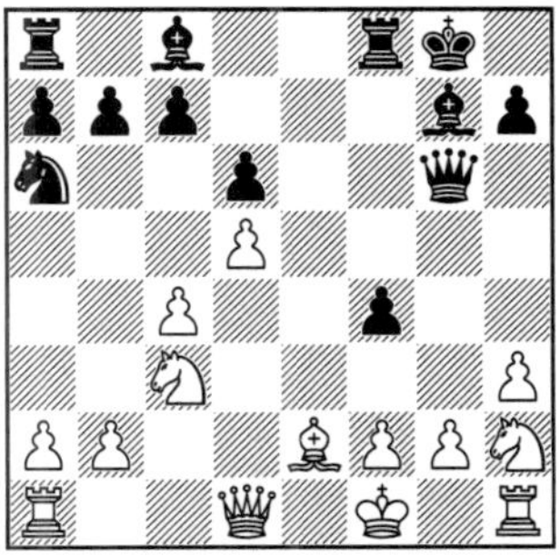

14. ... Sc5

Drei Punkte. Bringt den Springer ins Spiel.

15. Tc1

15. ... Lf5

Zwei Punkte.

16. Sf3

16. ... Lf6

Vier Punkte. Es war lebenswichtig, 17. Sh4 zu verhindern. Falls z.B. 16. ... Tae8 17. Sh4! Dg5 18. Sxf5 Txf5 19. Lf3, und da g2 sicher gedeckt ist, wird es sehr schwierig, die weiße Festung zu knacken.

17. Kg1

17. ... Kh8

Vier Punkte. Angriff in der g-Linie ist der klarste Weg, fortzufahren, aber Schwarz hat gute Alternativen: 17. ... Tae8 (zwei Punkte) ist ein sinnvoller Entwicklungszug, und obwohl 17. ...

Sd3 (ein Punkt) Weiß zwingt, seinen Läufer herzugeben (18. Lxd3 Lxd3 19. b3), erleichtert Figurentausch die Aufgabe des Verteidigers.

18. Kh2

18. ... Tg8

Ein Punkt.

19. Tg1

19. ... Dh6

Drei Punkte. Außer allem anderen hätte Weiß sich 20. g4 überlegen können, also ist dies sinnvoll.

20. Lf1

20. ... Tg7

Zwei Punkte.

21. b4

21. ... Sd7

Ein Punkt. Falls Weiß nun 22. Sd4 spielt, wie würden Sie erwidern?

Leider ist 22. ... Lxh3 nicht sehr wirkungsvoll: 23. gxh3 Txg1 24. Kxg1 Dg7+ 25. Dg4 Lxd4 26. Sb5 und die Lage hat sich zum Vorteil für Weiß geklärt. 22. ... Lxd4 23. Dxd4 Se5 ist korrekt (zwei Punkte, wenn Sie diese Züge beide fanden) mit lästigen Drohungen aller Art in der Luft: 24. ... Lxh3 25. gxh3 Sf3+ ist die offensichtlichste.

22. Ld3

Weiß versucht den unangenehmen weißfeldrigen Läufer zu beseitigen.

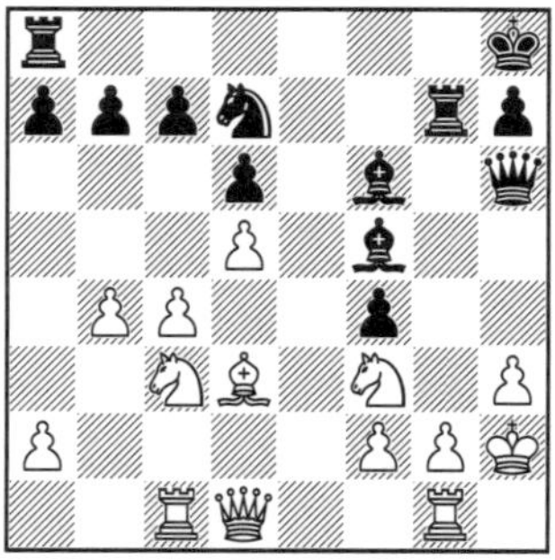

22. ... Txg2+

Sieben Punkte. Chernin ließ sich wohl verleiten zu glauben, das Schlimmste sei vorbei, denn wenn die Läufer getauscht werden, was erzwungen scheint, dann verliert der schwarze Angriff viel von seiner Kraft. Judits Opfer ist entscheidend.

23. Txg2

23. ... Lxh3

Ein Punkt.

24. Se4

Wenn Weiß 24. Kg1 gespielt hätte, wie hätten Sie geantwortet (es gehört mehr als ein Zug dazu)?

24. ... Lxg2 25. Kxg2 Lxc3! (besser als 25. ... Dg7+, da Schwarz die Option Tg8+ behält). Schwarz hat einen Bauern gewonnen und behält den Angriff; zwei Punkte, wenn Sie dies fanden.

24. ... Se5!

Sechs Punkte. Dies ist vermutlich der Zug, den Chernin übersah: es ist sehr schwer, solch eine Folge zu sehen, wenn man ein tödliches Abzugschach erwarten würde.

Nichts für 24. ... Lxg2+ 25. Kxg2 Tg8+ 26. Kf1 Dh3+ 27. Ke2, da der weiße

König Sicherheit gefunden hat.

25. Sxe5

Wenn Weiß 25. Sxf6 gespielt hätte, wie würden Sie erwidern (eine Variante ist erforderlich)?

Der einfachste Gewinnweg ist 25. ... Lg4+ 26. Kg1 Sxf3+ 27. Kf1 Dh1+ 28. Ke2 Sd4+ 29. Kd2 Lxd1. Drei Punkte, wenn Sie all dies fanden; eine lange Variante, aber Weiß hat unterwegs keine vernünftigen Alternativen, somit war es nicht allzu schwer.

25. ... Lxe5

Zwei Punkte. Ziehen Sie so viel ab, wie Sie für richtig halten für 25. ... Lg4+, was bei logischem Abschluß mit 26. Kg1 Lxd1 27. Sf7 matt endet.

26. Sg5

Weiß hatte zwei hauptsächliche Alternativen. Wie hätten Sie geantwortet auf a) 26. Kg1, b) 26. f3?

a) 26. Kg1 Lxg2 27. Kxg2 Tg8+ 28. Kf1 f3! und um Matt zu vermeiden, muß Weiß 29. Dxf3 spielen, was 29. ... Dxc1+ mit leichtem Gewinn erlaubt - drei Punkte für dies alles;

b) 26. f3 Lxg2+ 27. Kxg2 Tg8+ 28. Kf1 Dh1+ 29. Ke2 Tg2+ 30. Sf2 Txf2+ 31. Kxf2 Ld4+ 32. Ke2 Dg2+ 33. Ke1 Df2 matt. Weitere drei Punkte dafür. Wiederum sind dies lange Varianten, aber da sie erzwungen sind, glaube ich nicht, daß man sie besonders schwer findet.

26. ... Lxg2+

Ein Punkt.

27. Kxg2

27. ... Dxg5+

Ein Punkt.

28. Kf3

Ins Ungewisse. Es scheint mir, daß Weiß, falls er in dieser Position König und Dame vertauschen könnte, keineswegs schlecht stünde.

28. ... Tg8

Drei Punkte. Das einfachste. 28. ... Dh5+ macht Spaß - es erzwingt 29. Ke4, aber ich sehe hier keinen Gewinnweg. Z.B. 29. ... f3 30. Dxf3 Dh4+ 31. Ke3 Dg5+ 32. Ke2 Dxc1 33. Dh5 ist mehr als unangenehm. Also keine Punkte.

29. Ke2

29. ... f3+

Drei Punkte.

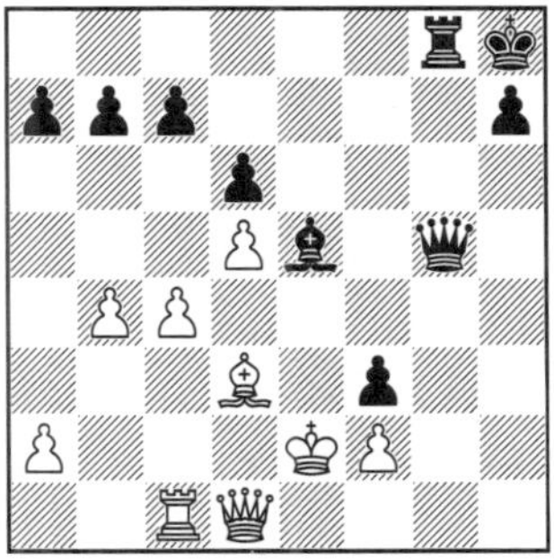

Hier **gab Weiß auf** angesichts von 30. Ke1 Lf4!. Ein geschickter Schlag. Unter anderem droht 31. ... Te8+, und wenn 31. Dxf3, dann 31. ... Lxc1.

Partie 20: Ein Leben voll Kampf

Viktor Kortschnoi ist einer meiner Lieblingsspieler. Wenn man seine Partien durchgeht, gewinnt man immer den Eindruck, daß er um jeden Preis auf Gewinn spielt. In Stellungen, die an der Oberfläche trocken wirken, bringt er all seine kreativen Energien auf, um einen Weg zu finden, das Gleichgewicht zu stören, selbst wenn er damit ein Verlustrisiko eingeht - öfter als es schiefgeht schafft er es, seinen Gegner in den Verwicklungen zu überlisten.

Kortschnoi war Teil der großen Generation von Spielern, die in den 1950er Jahren in der Sowjetunion nach oben kamen. Es ist behauptet worden, daß diese Spieler ihre Stärke und ihren Kampfgeist der Tatsache verdankten, daß sie alle es irgendwie schafften, die Schrecken und Entbehrungen des Stalin-Regimes und des "Großen Vaterländischen Krieges" (2.Weltkrieg) zu überleben. Bismarcks Ausspruch "Was mich nicht umwirft, macht mich noch stärker" kommt einem in den Sinn.

Es ist sicher richtig, daß Konflikt und Kampf Kortschnois Leben beherrschten, und daß er dabei tatsächlich zu blühen und gedeihen scheint: auf dem Schachbrett und außerhalb.

In seiner Autobiographie "Chess is my Life" (Batsford,1977) schreibt Kortschnoi: "Schachspieler sind unterschiedliche Charaktere. Einige müssen, um des Erfolgs sicher zu sein, ihre Gegner als Freunde betrachten, während andere ausnahmslos Feindschaft gegen den Gegner empfinden müssen... Es gibt viel mehr des zweiten Typs, und es muß zugegeben werden, daß der Autor zu dieser Gruppe gehört."

Man braucht nur an seine bittere Rivalität mit Anatoli Karpow zu denken, um zu realisieren, wie gut sich Kortschnoi selbst kennt. Natürlich hatte ein großer Teil davon mit Kortschnois Lossagung von der UdSSR 1976 zu tun und mit Karpows privilegiertem Status innerhalb der Sowjetunion - obwohl nach allem, was man weiß, ihre Beziehungen schon vorher wohl kaum als herzlich zu beschreiben waren.

Kortschnois Bruch mit dem System gab ihm wirklich ein neues Leben - seine Spielstärke stieg in der folgenden Reihe von Jahren dramatisch, und die Partie unten stammt aus dieser Zeit. 1993 feierte er seinen 62.Geburtstag, und obwohl ihm nicht dieselbe Beständigkeit seiner Resultate wie vor zehn Jahren vergönnt ist, kann er es immer noch mit den Allerbesten der Welt aufnehmen. Sein Gefecht mit Kasparow 1992 bei der Europa-Mannschaftsmeisterschaft, in dem der Weltmeister alle Ressourcen aufbieten mußte, um den Verlust zu vermeiden - die Partie endete remis - zeugt von seinen großen Kräften.

Kortschnois Gegner hier ist Großmeister Eugenio Torre von den Philippinen, seinerzeit einer der stärksten Spieler Asiens.

Torre - Kortschnoi
Buenos Aires 1978
Caro-Kann

1. e4 c6 2. d4 d5 3. Sc3 dxe4 4. Sxe4 Sf6 5. Sxf6+ exf6 6. Sf3 Ld6 7. Le2 Sa6 8. 0-0 Sc7 9. c4 0-0 10. Le3

Beginnen Sie nun mit der Vorhersage der schwarzen Züge.

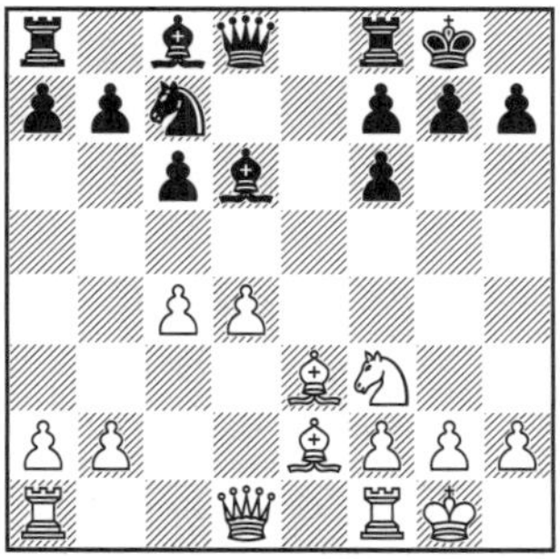

10. ... Te8

Vier Punkte. Den Turm in Opposition zu den Läufern aufzustellen macht guten Sinn. Im Moment gibt es keine Drohung, aber man weiß nie, wann diese Situation taktisch ausgenutzt werden könnte.

Zwei Punkte für 10. ... Le6, 10. ... Lf5 oder 10. ... Lg4. All diese Züge sind vernünftig, aber es ist noch nicht klar, was das beste Feld für den Läufer sein wird - ein anderer Vorteil, wenn man den Turm zuerst zieht.

11. Dd2

11. ... Lf5

Zwei Punkte. Dies ist die beste Diagonale für den Läufer - aber ich wollte im letzten Zug noch nicht alles verraten! Ein Punkt für 11. ... Lg4 und 11. ... Le6.

12. Tad1

12. ... Le4

Drei Punkte. Es ist kurios, daß es Schwarz ist, der aggressiver steht, selbst obwohl Weiß mit zwei starken Zentrumsbauern das Spiel kontrollieren sollte. Wir können klar die Vorteile der doppelten f-Bauern sehen: die Zentrallinien wurden geöffnet, was Schwarz gestattete, sich frei zu entwickeln und sogar einige Kontrolle über die e-Linie zu erhalten; und der f-Bauer, der sich normalerweise im Caro-Kann auf e6 fände, hindert den weißen Springer, seinen traditionellen Vorposten auf e5 zu besetzen.

Ein Punkt für 12. ... Dd7, was die Türme verbindet - eine logische Fortsetzung.

13. Dc1

13. ... h6

Drei Punkte. Lassen Sie sich durch diesen bescheidenen Zug nicht zum Narren halten, Kortschnoi führt in Wahrheit Böses im Schild.

Zwei Punkte für das provokative und unternehmende 13. ... Se6. Schwarz ist ideal aufgestellt, um 14. d5 zu begegnen - 14. ... cxd5 15. cxd5 Tc8!; und er könnte versuchen, den Springer nach f4 einzupflanzen (vorbereitet durch Dc7).

Ein Punkt für das solide, aber nun wenig geistreiche 13. ... Dd7. Nebenbei, Schwarz braucht nie zu fürchten, daß Weiß c5 spielt, was einfach das Feld d5 weggibt.

14. Sd2

14. ... Lh7

Ein Punkt. Der Läufer mußte erhalten werden, und ihn aus dem Weg in die Ecke zu verstauen ist das Beste.

15. Lf3

15. ... f5

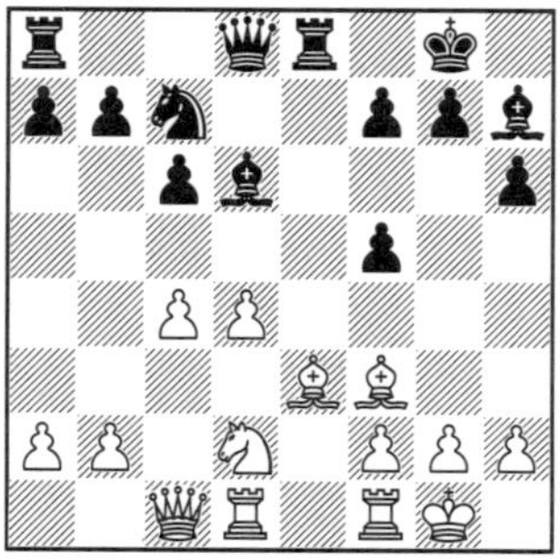

Vier Punkte. Der Beginn von Kortschnois großem Plan. Weil er einen f-Bauern in Reserve hat, kann er einen nach vorn werfen, ohne Furcht, daß sein König exponiert wird.

16. Sb3

16. ... g5

Sechs Punkte. Das ist der Glanzzug der Partie. Nun können wir sehen, warum Kortschnoi 13. ... h6 spielte: der Läufer hätte auch gut nach g6 oder f5 zurückgehen können, ohne daß irgend etwas Schlimmes passiert wäre, aber ihn ganz aus dem Weg zu schaffen erlaubte Schwarz, seine Königsflügelbauern nach vorn zu werfen. Deren Aufmarsch wirft ein grelles Licht auf die schlechte Stellung der weißen Läufer, die seit Beginn der Partie ausgesprochen hölzern wirkten.

Wenn Weiß nun 17. g3 spielen würde, was wäre Ihre Antwort?

17. ... Df6 (ein Punkt) ist korrekt: die Dame nimmt eine Angriffsposition ein (nun droht f4) und gibt zugleich dem König einigen Schutz.

17. Sa5

17. ... g4

Zwei Punkte. Dies ist der Beginn weitsichtiger Kalkulation. Ich kann mir viele Spieler denken, die 30 Sekunden nachdenken und dann das offensichtliche 17. ... Tb8 spielen würden (ein Punkt für Sie, wenn Sie dies taten). Kortschnoi hat erspürt, daß er Material gewinnen kann, und ist bereit, dazu einen schmalen Weg zu betreten.

18. Le2

Was hätten Sie als Antwort auf 18. Sxb7 gespielt?

Zwei Punkte, wenn Sie 18. ... Lxh2+ 19. Kxh2 Dh4+ 20. Kg1 gxf3 mit tödlichem Angriff fanden: falls 21. gxf3 Kh8 und Tg8+.

18. ... Lb4

Fünf Punkte. Es sieht unnatürlich aus, den Läufer von einer Angriffsdiagonale zu entfernen; deshalb ist dieser Zug schwer zu finden.

19. Sxb7

Es war ebenfalls nötig, die Konsequenzen von 19. Sb3 zu erwägen. Auf den ersten Blick scheint es, als ob Schwarz mit dem simplen 19. ... f4 eine Figur gewinnt. Jedoch nach 20. Ld2! ist die Sache nicht so klar (falls 20. ... Txe2 21. Lxb4, und der schwarze Bauernsturm am Königsflügel beginnt entschieden übereilt auszusehen). Schwarz kann freilich noch immer gewinnen mit 20. ... f3! 21. gxf3 Ld6 22. Tfe1 gxf3 23. Lxf3 Dh4 mit tödlichem Angriff.

Denken Sie daran, Kortschnoi mußte all dies gefunden haben, bevor er 17. ... g4 spielte. Kein Wunder, daß ihm die Zeit so oft knapp wird...

19. ... Dc8

Ein Punkt.

20. Sc5

Falls 20. Lxh6 Txe2 21. Dg5+ Lg6 22. Df6 Lf8, oder 22. ... Se8, rettet und gewinnt.

20. ... f4

Zwei Punkte. Dies ist die Pointe des vorausgehenden schwarzen Spiels - er gewinnt zwingend eine Figur.

21. Lxg4

21. ... Dxg4

Ein Punkt.

22. Lxf4

Schwarz hat eine Figur gewonnen, muß aber mit äußerster Vorsicht spielen: sein König ist leicht exponiert, und er hat nicht allzuviele Bauern übrig. Was ihm zu Hilfe kommt, ist die Tatsache, daß seine Figuren so aktiv sind.

22. ... Se6

Ein Punkt. Es machte keinen Sinn, das Biest zu decken. Wenn nun 23. Sxe6 Txe6, so ist der schwarze Turm bereit, nach g6 zu schwenken; und auf 23. Lxh6 ist 23. ... Sxd4 exzellent.

23. Le3

23. ... Tad8

Zwei Punkte. Das aktivste; die letzte schwarze Figur kommt ins Spiel. Ziehen Sie zwei Punkte ab, wenn Sie 23. ... h5 spielten; eine gerechte Strafe für solchen Materialismus.

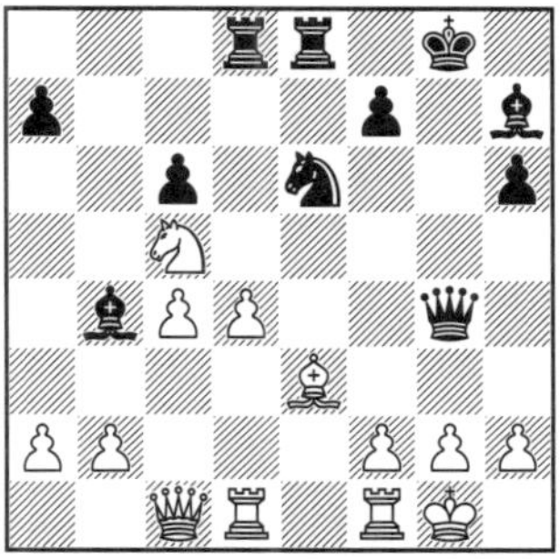

24. Sd3

24. ... Ld6

Zwei Punkte. Kehrt auf die beste Diagonale zurück. Werfen Sie einen Blick auf die schwarzen Figuren: sie sind glänzend koordiniert.

Zwei Punkte Abzug, wenn Sie 23. ... Lxd3 spielten und einen Ihrer fabelhaften Läufer tauschten. Das gewinnt keinen Bauern: 24. Txd3 Sxd4 25. Lxd4 Txd4 26. Tg3.

25. Se5

25. ... Lxe5

Zwei Punkte.

26. dxe5

26. ... Ld3

Zwei Punkte. Schwarz gewinnt einen Bauern und tauscht zwingend die Damen (in diesem Fall ist es okay, einen Läufer zu geben), denn wenn 26. Tfe1, dann führt 26. ... Le4 zum Matt.

27. f3

27. ... Dxc4

Ein Punkt.

28. Dxc4

28. ... Lxc4

Ein Punkt.

29. Txd8

29. ... Sxd8

Zwei Punkte. Der genaueste Zug. Falls 29. ... Txd8 30. Tc1 Lxa2 31. Txc6 und Schwarz hat noch zwei Bauern einstehen.

30. Td1

30. ... Lxa2

Ein Punkt.

31. Lxa7

31. ... Ld5

Vier Punkte. Man kann sich schwer vorstellen, daß in der schwarzen Stellung allzuviel schief geht, wenn der Läufer auf diesem Feld zementiert ist.

32. f4

Kortschnoi muß froh gewesen sein, diesen Zug zu sehen: er hat zweifellos eine Gewinnstellung, aber die Diagonale des Läufers zu verlängern macht es viel leichter, die Partie zum Abschluß zu bringen.

32. ... Se6

Drei Punkte. Bringt den Springer ins Spiel zurück. Falls 33. f5 Sf4 34. g3 Sh3+ 35. Kf1 Txe5 mit Bauerngewinn.

33. Le3

33. ... h5

Zwei Punkte. Errichtet die Kontrolle über die weißen Felder am Königsflügel. Wenn die weißen Bauern einmal unbeweglich sind, können sie angegriffen werden. 34. f5 Sg7 35. f6 Se6 hilft Weiß bestimmt nicht.

34. h3

34. ... Tb8

Ein Punkt.

35. Td2

35. ... Tb3

Zwei Punkte. Kortschnoi fährt fort, mit großer Energie zu spielen. Innerhalb von nur wenigen Zügen ist Weiß in die Defensive gedrängt worden.

36. Kf2

36. ... h4

Drei Punkte. Legt die Königsflügelbauern fest.

37. Tc2

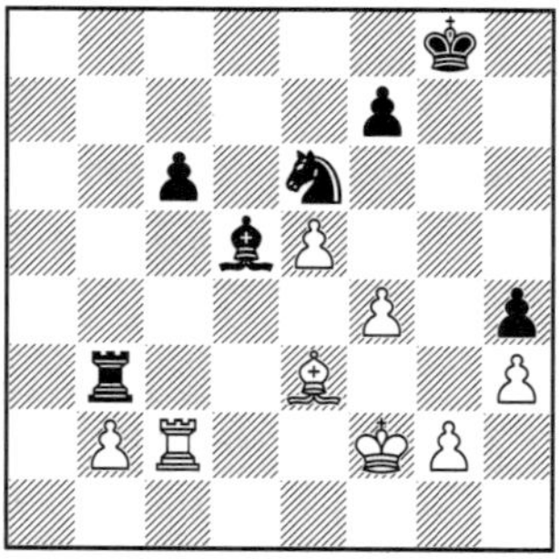

37. ... Lxg2

Drei Punkte. Gewinnt einen weiteren Bauern zurück. Übrigens wäre dies im vorigen Zug nicht ganz so gut gewesen, wo Weiß 36. ... Lxg2 37. f5! spielen und dann den Turm auf die 8.Reihe bringen konnte, was einige Verwirrung stiftet.

Wenn Sie das elegante 37. ... Sg7 mit der Idee Sf5 spielten, um den schwarzen Würgegriff auf die Position zu verstärken, dann buchen Sie auch zwei Punkte.

Jedenfalls, hier gab Weiß auf, was vielleicht mehr für Kortschnois gewaltsames Vorgehen als für Eleganz spricht. Es gibt nicht viele Spieler, die auf die

Idee kämen, ihre Bauern vor dem eigenen König stürmen zu lassen, aber Kortschnoi muß dies von sehr frühem Stadium an im Sinn gehabt haben. Die schwierigste Phase der Partie war wahrscheinlich, als Schwarz die Figur gewann; in mancher Weise waren diese Züge "unlogisch" - 18. ... Lb4 paßte nicht zum Ablauf der Partie - ,aber beruhten auf präziser Berechnung; eine von Kortschnois großen Stärken.